UNSICHTBAR

Nathalie von Bismarck

UNSICHTBAR

Nathalie von Bismarck

riva

Bibliografische Information der Deutschen Nationalbibliothek:
Die Deutsche Nationalbibliothek verzeichnet diese Publikation in der Deutschen Nationalbibliografie; detaillierte bibliografische Daten sind im Internet über http://d-nb.de abrufbar.

Für Fragen und Anregungen:
nathalievonbismarck@rivaverlag.de

4. Auflage 2011

Nymphenburger Straße 86
D-80636 München
Tel.: 089 • 651285-0 Fax: 089 • 652096

Die englische Originalausgabe erschien 2010 bei blurb books unter dem Titel Invisible

Übersetzung: Richard Barth, München
Umschlaggestaltung: Julia Jund, München
Illustrationen: Nathalie Gräfin von Bismarck
Satz: Julia Jund, München
Druck: Firmengruppe APPL, aprinta druck, Wemding
Printed in Germany

ISBN 978-3-86883-104-7

„Hier mein Geheimnis. Es ist ganz einfach:
Man sieht nur mit dem Herzen gut.
Das Wesentliche ist für die Augen unsichtbar.“

Antoine de Saint-Exupéry

Mann und Frau verlieben sich, heiraten, und schwups! – ein Jahr danach ist die Frau schwanger. Die Frau, das bin ich.

Die alte Leier? Nun ja, nicht ganz.

Als ich meinen ganz persönlichen Märchenprinzen kennengelernt habe, war es tatsächlich wie eine Liebesgeschichte aus dem Märchenbuch. Allerdings war es genau genommen kein Märchenprinz, sondern ein Märchengraf: Graf Carl-Eduard von Bismarck, der zukünftige Fürst von Bismarck.

Seine Freunde nennen ihn Calle. Calle ist der Ururenkel des deutschen Staatsmannes Otto Eduard Leopold von Bismarck, des sogenannten „Eisernen Kanzlers". Der Urgroßvater meines Mannes hatte entscheidenden Anteil an der Gründung des Deutschen Reiches im Jahr 1871. Die Bismarcks sind eine bedeutende deutsche Politikerdynastie, vergleichbar mit den Kennedys in den USA.

Zwischen Calle und mir ging alles sehr schnell. Als wir im September 2004 geheiratet haben, kannten wir uns noch nicht einmal ein Jahr. Plötzlich war ich eine Gräfin und repräsentierte eine traditionsreiche deutsche Adelsfamilie, und das brachte entsprechende Verpflichtungen mit sich. Alle waren gespannt darauf, einen Blick auf meinen Ehemann und mich zu werfen. Ich dagegen wollte einfach nur eine gute Ehefrau sein und meiner neuen Stellung gerecht werden.

Calle und ich an unserem Hochzeitstag im September 2004

Soweit ich zurückdenken kann, war mein Leben immer sehr unbeschwert gewesen. Es lief immer alles bestens, alle Türen standen mir offen. Mir war gar nicht bewusst, was für ein Glückskind ich war. Ich war eben mit einem angenehmen Äußeren gesegnet. Und so nahm ich das alles als selbstverständlich hin und konnte mir gar nicht vorstellen, dass es bei anderen Leuten anders sein könnte. Heute ist mir klar, wie naiv ich damals war. Ich gebe zu, ich habe immer sehr viel Wert auf mein Äußeres gelegt. Schon als Kind bin ich von allen als etwas Besonderes behandelt worden und war beliebt bei Frauen und Männern – vor allem bei Männern.

Auch vor meiner Hochzeit hatten sich die Männer nach mir umgedreht, und ich hatte oft genug im Rampenlicht gestanden. Doch jetzt, da ich mit einem Grafen verheiratet, also eine Gräfin war, erregte ich enorme Aufmerksamkeit, sobald ich meinen Fuß auf einen roten Teppich setzte. Ich trat in eine Welt ein, die sehr viel schneller mit Urteilen zur Hand war.

Offen gestanden: Nach außen hin gab ich mich ganz bescheiden, zurückhaltend und selbstsicher, aber im Grunde meines Herzens war ich eitel und unsicher. Nicht selten fehlte es mir an Einfühlungsvermögen in andere. Ich verhielt mich wie so viele unsichere Menschen: Die Bescheidenheit, auf die ich mir so viel einbildete, hinderte mich nicht daran, den Stab über andere zu brechen. Für Leute, die von der Gesellschaft als unattraktiv eingestuft wurden, hatte ich wenig übrig.

Im Studentenwohnheim prangte an meiner Tür ein großes Foto von meinem Hund; daneben ein Schild mit der Aufschrift: „Je mehr Menschen ich kennenlerne, desto sympathischer wird mir mein Hund."

Nun könnte man meinen, durch das gesteigerte Interesse der Medien nach meiner Hochzeit habe meine Eitelkeit noch zugenommen. Doch das Einzige, was zunahm, war mein Gewicht.

Dies ist die Geschichte von der wichtigsten Lektion meines Lebens. Man könnte das, was ich erfahren habe, als gerechte Strafe, als Fingerzeig Gottes oder einfach als Aha-Erlebnis bezeichnen. Doch egal, wie man es nennt: Das Entscheidende ist, dass es mein Leben von Grund auf umgekrempelt hat. Ich bin eine andere geworden, und mein Blick auf mich selbst, auf meine Mitmenschen und das Leben überhaupt wird nie wieder sein wie zuvor.

Ich möchte Ihnen erzählen, wie es ist, wenn man die unsichtbare Linie überschreitet, die schlank von dick trennt, sichtbar von unsichtbar, zuvorkommend von grausam – und wie ich durch diese Erfahrung das Leben erst richtig zu schätzen lernte.

Im ersten Jahr unserer Ehe waren uns die Tage immer nur zu kurz. Ich jettete mit meinem Mann von einem Land zum anderen, stets voller Vorfreude auf das nächste Event. Ständig tauchten neue Gesichter auf, eines wichtiger als das andere. Jeder Wunsch wurde mir von den Augen abgelesen. Für Außenstehende muss sich das anhören wie ein wahr gewordener Traum, und zu einem gewissen Grad stimmt das auch, aber ich kann Ihnen sagen: Es wird schnell ermüdend. Ich bat meinen frischgebackenen Ehemann, unseren Terminplan ein wenig auszudünnen. Ich war erschöpft und sehnte mich danach, auszuruhen.

Bald stellte sich heraus, warum ich so müde war. Wir erwarteten ein Kind!

Wir waren ganz außer uns vor Freude. Wir beschlossen, die Schwangerschaft geheim zu halten, damit in den ersten Monaten nichts zur Presse durchsickerte. Da ich so schlank war, dachten wir, dass niemand etwas bemerken würde. Ich tat sofort, was jede werdende Mutter tut: Ich achtete pflichtbewusst darauf, was ich aß, und behielt mein Gewicht im Auge. Frittiertes und fettes Essen verbannte ich von meinem Speiseplan, und damit auch einige meiner Leibgerichte. Wenn es um mein Baby ging, war mir kein Opfer zu groß.

Und tatsächlich blieb meine Schwangerschaft unbemerkt, zumindest eine Zeit lang. Obwohl ich fast 1,80 Meter groß bin, wog ich damals gerade einmal 57 Kilo. Mir war klar, dass die erste Schwangerschaft für meinen Körper ein ziemlicher Schock sein würde.

Der Schock fiel dann allerdings sehr viel größer aus als erwartet: Im Lauf dieser neun Monate hat sich mein Gewicht glatt verdoppelt.

Ich war ganz selbstverständlich davon ausgegangen, dass es bei mir genauso sein würde wie bei diesen schwangeren Stars, die bis zuletzt spindeldürr bleiben – egal, was sie essen und ob sie Sport treiben oder nicht. Sie wissen schon, wen ich meine. Man kennt sie von den Titelseiten der Zeitschriften. Traumfrauen mit einem Babybauch, der aussieht wie ein Ballon, der mit einer Schnur an ihrer schmalen Teenagertaille festgebunden ist. Frauen, bei denen man von hinten nie auf die Idee käme, dass sie schwanger sind. Und eine Woche nach der Geburt findet man sie wie durch ein Wunder erneut auf den Titelseiten. Mit nichts als einem Bikini auf der Haut und einem Lächeln im Gesicht präsentieren sie stolz ihren Wonneproppen. Dazu die Überschrift: „Wie X die Pfunde los wurde!" Welche Pfunde, bitte schön?

Ganz anders bei mir. Unerhört! Natürlich bei mir, bei wem sonst? So sehr ich auch auf mein Gewicht achtete, als ich schwanger war: Mein Körper blähte sich auf wie ein Kugelfisch.

Schon in den ersten Monaten nahm ich fast zehn Kilo zu. Das war bei meiner Statur ein ziemlicher Sprung, aber es war zu verkraften. Jetzt war es natürlich kein Geheimnis mehr, dass ich schwanger war. Meine Freunde und Verwandten waren ganz aus dem Häuschen. Alle beglückwünschten mich. „Oh, du bist schwanger! So langsam sieht man es, du bist fülliger geworden, nicht wahr?", bekam ich ständig zu hören. „Das ist gesund, das ist sehr gut für das Baby", waren sich alle einig.

Während mein Körper immer üppiger wurde, genossen mein Mann und ich die ersten drei Monate meiner Schwangerschaft in vollen Zügen. Ich hatte Glück. Ab und zu wurde mir ein wenig schwindlig, aber morgendliche Übelkeit war bei mir kein Thema. Genau genommen kann ich das noch nicht einmal wissen, weil ich so viel geschlafen habe. Ich wollte am liebsten nur noch schlafen, schlafen, schlafen. Damit wir unsere zahlreichen Termine einhalten konnten, machte ich zwischendurch öfter mal ein kleines Nickerchen.

Schon bald warf ich das Wort „Figurbewusstsein" über Bord und ließ meinem Appetit freien Lauf. Schließlich aß ich ja für zwei, oder? Doch es dauerte nicht lange, da wurden mir meine Kleider zu eng. Es wurde immer schwieriger, die Reißverschlüsse meiner Hosen und Röcke zuzumachen. Knöpfe wurden abgesprengt. Alles, was ich besaß, kam an die Grenzen seiner Dehnbarkeit. Meine Knöchel und Füße schwollen an wie Ballons. Meine vielen schönen Schuhe konnte ich nur noch neben mich stellen, um sie im Spiegel zu betrachten. Ringe tragen? Keine Chance.

Ich konnte keinen einzigen meiner Ringe mehr tragen, nicht einmal den Ehering. All das war bei einer Schwangerschaft nichts Ungewöhnliches, aber es kam viel zu früh. Ich machte mir Sorgen, geriet in Panik. Ich konnte es nicht glauben, als die Waage zu Beginn des sechsten Monats 27 Kilo mehr anzeigte. Sie haben richtig gelesen: Ich hatte 27 Kilogramm zugenommen. Jetzt schrillten bei mir alle Alarmglocken. Angst und Panik standen mir ins Gesicht geschrieben, denn das entspricht dem, was die meisten Frauen in neun Monaten Schwangerschaft zunehmen – nicht in fünf. Irgendetwas stimmte nicht. Schon jetzt sah ich aus, als würde ich gleich platzen. Bei allem, was ich im Leben gemacht habe, war ich ein bisschen extrem. Ich neige von Natur aus zu Extremen. Sollte das auch auf meine Schwangerschaft zutreffen? Das zusätzliche Gewicht machte mir schwer zu schaffen. Ich konnte nur noch mit Mühe gehen. Mein Rücken ächzte und meine Knie schmerzten von dem enormen Gewicht, das sie plötzlich tragen mussten. Aber es sollte noch schlimmer kommen. Viel schlimmer.

Ich begann, depressiv zu werden. „Warum?", fragte ich mich voller Selbstmitleid. „Warum ausgerechnet ich? Warum habe ich nicht diese wunderbare Ausstrahlung wie andere werdende Mütter?" War ich am Ende allergisch gegen Schwangerschaften?

Schnell stellte ich fest, dass die Vorstellung von der „schönen, strahlenden schwangeren Frau" keineswegs der Realität entspricht. In Wirklichkeit finden sich die meisten Schwangeren scheußlich, vor allem im letzten Drittel der Schwangerschaft. Wenn eine Frau etwas anderes behauptet, dann sagt sie einfach nicht die Wahrheit – oder sie macht sich selber etwas vor.

Doch die Schnelligkeit, mit der ich zunahm, lag weit jenseits des Üblichen. Selbst wenn man in Rechnung stellte, dass ich schwanger war: Ich sah schlicht und einfach fettleibig aus. Das zusätzliche Gewicht war nicht nur auf meinen Bauch beschränkt, sondern auf den ganzen Körper verteilt. Wenn jemand mich ansah, konnte er unmöglich sagen, ob ich nun schwanger oder einfach nur dick war.

Ich ging ständig zum Arzt. Mein Arzt war einer der besten und dachte, ihn könnte so leicht nichts mehr schrecken. Doch als er mich sah, machte er ein ernstes Gesicht und legte die Stirn in Falten. Er schaute mich sehr besorgt, fast ängstlich an. Ich werde nie seinen Gesichtsausdruck vergessen, als er zu mir sagte: „Das ist nicht normal. Sie sind nicht normal!" Er sagte, er habe noch nie eine Schwangere mit so viel Wassereinlagerungen und so hohen Zuckerwerten gesehen.

Er sorgte sich um meine Gesundheit und mein Leben. Schwangerschaftsdiabetes und Herzversagen standen auf der Liste beängstigender Schwangerschaftskomplikationen ganz oben. Ich hatte panische Angst um mein Baby und mich selbst.

Mein Arzt wurde nicht müde, mir Fragen zu meiner Ernährung zu stellen. Für ihn bestand kein Zweifel, dass der Grund in meinem Speiseplan liegen musste. Immer wieder erzählte ich ihm, dass ich mich gesund ernährte und im Gegensatz zu anderen Schwangeren keinerlei Gelüste auf Kartoffelchips oder Essiggurken verspürte.

Das heißt, okay, wenn ich ganz ehrlich sein soll, gab es da schon etwas: Bananen. Von denen aß ich eine ganze Menge, aber daran konnte es ja wohl kaum liegen? Nein, ganz egal, was ich aß, mein Gewicht stieg und stieg und stieg.

Und noch etwas muss ich beichten. Eines Nachmittags bin ich aufgeflogen. In einem schwachen Augenblick gönnte ich mir auf dem Weg zum Arzt ein himmlisches Stück Schokoladenkuchen. Es war nicht schwer für ihn, mich zu ertappen, denn der Kuchen schlug sich sofort in meinen Testwerten nieder. Ich fühlte mich wie ein kleines Mädchen, das etwas ausgefressen hat. Aber das war das einzige Mal, dass ich mich habe gehen lassen, das schwöre ich!

Als ich an jenem Tag meine 85 Kilo aus der Praxis schleppte, verstand ich nicht, was mit mir los war. Aber es war nicht zu übersehen, was um mich herum los war.

Die Geschichte, die ich Ihnen erzählen möchte, handelt von Stigmatisierung und Vorurteilen in unserer Gesellschaft, von Erniedrigung und Demut, von Scheinheiligkeit und Aufrichtigkeit.

Auf dem Nachhauseweg wurde mir bewusst, wie leicht die Menschen sich von Schönheit täuschen lassen und wie falsch sie damit liegen. Es ist so unglaublich oberflächlich. Jeder hört gern Komplimente, und ich war zeit meines Lebens mit Komplimenten überschüttet worden. Am Ende des sechsten Monats meiner Schwangerschaft verdrehte ich Männern erneut den Kopf – doch diesmal drehten sie sich nicht nach mir um, sondern wandten den Blick ab.

Zu Zeiten, als ich noch 57 Kilo gewogen hatte, drehten ohne Übertreibung vier bis fünf Männer ihre Köpfe und musterten mich von Kopf bis Fuß, wenn ich eine Straße entlanglief. Ließ ich versehentlich meinen Schlüsselbund fallen, eilte sofort jemand herbei und hob ihn auf. Wenn ich mit einer schweren Einkaufstasche nach Hause kam, fand sich stets ein Nachbar oder ein Unbekannter, dem ich im Hausflur begegnete, der sich anbot, mir die Tasche zu tragen. Die Leute waren viel hilfsbereiter, obwohl ich doch gar keine Hilfe nötig hatte.

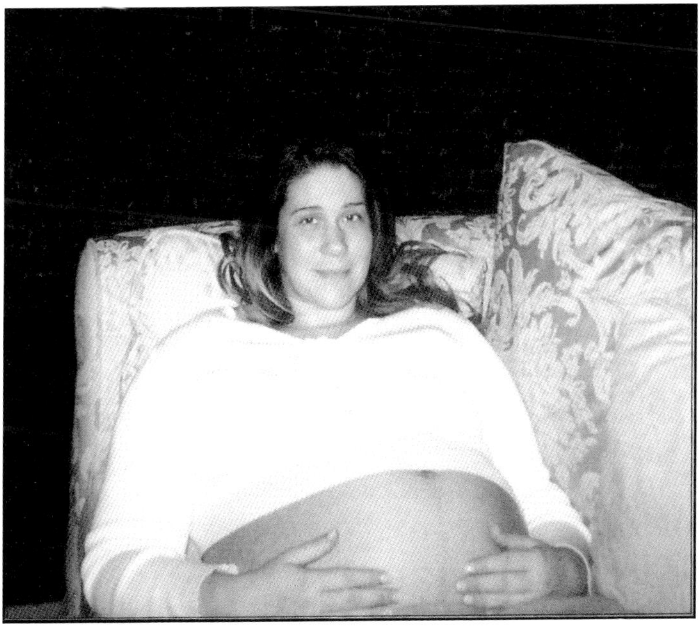

Manchmal, wenn ich im Supermarkt an der Kasse bezahlt hatte, erspähte mich der Besitzer durch die Glasscheibe, eilte die Treppe herunter, nahm irgendeinen Artikel und steckte ihn mit einem breiten Lächeln in meine Einkaufstasche: „Das ist für Sie. Geht aufs Haus!" Sie hätten mich in solchen Augenblicken sehen sollen. Sicher kennen Sie das Gefühl, wenn man völlig sprachlos ist. Was sollte ich dazu sagen? Anstatt mich zu bedanken, lächelte und nickte ich nur. Als übergewichtige Frau passiert Ihnen so etwas ganz bestimmt nicht. Niemand will mit einer dicken Frau seine Zeit verplempern.

Jetzt, wo ich eine übergewichtige Schwangere mit gesundheitlichen Problemen war, würdigte mich niemand eines Blickes. Keiner interessierte sich für mich und keiner bot an, mir zu helfen. Ich war einfach unsichtbar.

Alle ignorierten mich. Es war, als wäre ich Luft. Innerhalb weniger Monate war ich zu einem lästigen Hindernis geworden, mit dem niemand seine Zeit verschwenden wollte. Für mich war das die wichtigste Lektion meines Lebens. Meine Eitelkeit war mit einem Mal wie verflogen. Plötzlich gab es nichts Wichtigeres mehr als meine Gesundheit. Mein Ego war längst über Bord gegangen. Ich wurde nur noch herumgeschubst und schlecht behandelt oder ignoriert.

Im Laufe meiner Schwangerschaft geschah etwas Seltsames, das ich nie für möglich gehalten hätte: Vor meinen Augen wurde mein

Mann immer kleiner und kleiner. Je dicker ich wurde, desto mehr schrumpfte er neben mir. Wenn das so weitergeht, dachte ich, wird er bald ganz verschwinden, sobald ich ihn umarme.

Und der Sex? Vergessen Sie's! Schlagen Sie sich diesen Gedanken aus dem Kopf. Schließlich wollte ich nicht riskieren, ihn mit meinem Gewicht zu erdrücken. So verlegen und unwohl, wie ich mich in meinem immer weiter anschwellenden Körper fühlte, war an Sex nicht im Traum zu denken. Ich hätte es gar nicht ertragen können, dass er mich anfasst.

Ende des sechsten Monats hatte ich bereits mehrere kleinere Unfälle gehabt, aber glücklicherweise war keiner davon gefährlich für das Kind.

Eines Abends war ich zum Beispiel mit meinem Mann und einem befreundeten Paar auf dem Heimweg von einer Party. Quer über den Weg lag ein dickes Kabel. Alle stiegen ohne Probleme darüber, nur ich mit meinen schwachen, zittrigen, überlasteten Knien nicht. Ich stolperte und fiel hin. Das war in letzter Zeit schon häufiger passiert, und mein Mann, der über meinen schlechten Gesundheitszustand Bescheid wusste, nahm meinen Sturz sehr ernst. Er blieb sofort stehen, um mir beim Aufstehen zu helfen. Das befreundete Paar dagegen hatte keine Ahnung, was ich durchmachte. Die beiden kicherten nervös und fragten, ob alles in Ordnung sei. Ich wusste nicht, wie ich reagieren sollte. Ich bemühte mich, ihr Verhalten nicht persönlich zu nehmen, schließlich meinten sie es ja nicht böse. Also ging ich lächelnd darüber hinweg.

Aufgrund meiner Leibesfülle fiel es mir immer schwerer, allein zu gehen. Irgendwann stellte ich fest, dass sich mein schrumpfender Ehemann fast unbemerkt in einen wandelnden Gehstock verwandelt hatte.

Ich spürte, dass Calle sich mittlerweile ernsthaft Sorgen machte. Mein Gesundheitszustand verschlechterte sich rasch, und das machte uns beiden Angst. In jeder Beziehung ist einer der beiden Partner dafür zuständig, dass das Miteinander funktioniert. In unserer Beziehung war ich das. Ich musste mich zusammennehmen. Ich durfte mich von meiner Angst nicht beherrschen lassen.

Er umsorgte mich tagein und tagaus. Er begleitete mich überallhin, wich nicht von meiner Seite und stützte mich, wenn ich zu stolpern drohte oder wenn mir schwindlig wurde. Er half mir, ob wir zu Fuß oder mit dem Auto unterwegs waren, beim Einsteigen und beim Aussteigen, er half mir Treppen hinauf und hinunter. Und, nicht zu vergessen, er begleitete mich zur Toilette und zurück. Die Liste war lang. Sowohl körperlich als auch psychisch wurde das Ganze allmählich zum Albtraum. Ich war emotional wie betäubt und kam mir vor wie ein Krüppel.

Wie alle werdenden Eltern hatten Calle und ich bis zur Geburt unseres Babys alle Hände voll zu tun. Wenn wir unterwegs waren, um Besorgungen zu machen, fiel mir auf, dass es immer schwieriger wurde, mir einen Weg durch Menschenmengen zu bahnen. Am Schlimmsten fand ich die Blicke, die manche Leute mir zuwarfen. Die meisten sahen allerdings einfach an mir vorbei, als wäre ich unsichtbar. Manche verhielten sich, als würde mein Körper gar nicht existieren. Immer häufiger wurde ich von Menschen in Eile angerempelt oder mit dem Ellenbogen beiseitegeschoben, ohne ein „Verzeihung“, ein Lächeln oder irgendeine entschuldigende Geste.

Finden Sie nicht auch, dass da irgendetwas nicht stimmt? Wenn Menschen ausschließlich auf Grundlage ihres Äußeren beurteilt werden, wo bleibt da die Menschlichkeit? Dicke Frauen werden kaum eines Blickes gewürdigt – dabei sind gerade sie es, die Hilfe brauchen. Viel zu viele Menschen lassen sich von der Schönheit blenden.

Das Paradoxe war: Je fülliger ich wurde, desto mehr verschwand ich. Was mir in jener traurigen Zeit am meisten zu schaffen machte, waren nicht die Fremden, die durch mich hindurch sahen, sondern die Leute, die ich eigentlich kannte. Wie oft sah ich auf der Straße oder in einem Restaurant ein vertrautes Gesicht, und der- oder diejenige erkannte mich nicht (oder wollte mich nicht erkennen). Ich glaube gar nicht, dass alle diese Leute mich bewusst schneiden wollten. Viele erkannten mich schlicht und einfach nicht wieder!

Sie hatten mich ganz anders in Erinnerung. Wenn ich sie ansprach und sagte: „Hallo, ich bin's, Nathalie!", dann entstand jedes Mal eine kurze Pause ... Sie legten die Stirn in Falten ... überlegten ... und dann dämmerte es ihnen ... sie schluckten und dann: „Ah!" Es folgte ein verlegenes Lächeln. „Hey Nathalie! Du bist ja schwanger. Du lieber Himmel, ich hätte dich nie erkannt."

Ob Sie es glauben oder nicht: So war es jedes Mal, wenn mir jemand über den Weg lief, den ich kannte. Es war schrecklich, nicht nur für mich. Seltsamerweise machte ich mir mehr Gedanken darüber, wie furchtbar es für die anderen sein musste. Wie unendlich peinlich es sein musste, so auf dem falschen Fuß erwischt zu werden. Ich mache ihnen keinen Vorwurf.

Im Weitergehen sagte ich mir: „Mach dir keine Sorgen. Das geht vorbei. Sie werden genauso geschockt sein, wenn du wieder schlank bist." Damals ahnte ich noch nicht, dass diese Erfahrung mein Leben für immer verändern sollte.

Und dann gab es da noch die „Freunde", die eine Erklärung dafür verlangten, warum ich mich so gehen lasse. Bei solchen Leuten nahm ich mich zusammen und lächelte einfach nur. Aber es hatte alles auch sein Gutes. Auf diese Weise erkannte ich, wer mich wegen meiner inneren Schönheit schätzt.

Ich lernte schnell, wie sehr unsere Gesellschaft von Vorurteilen geprägt ist. Die gleichen Menschen, die eben noch nicht genug bekommen konnten von mir und meiner Energie, ließen mich jetzt fallen wie eine heiße Kartoffel. Manche dieser Erfahrungen haben mich bis ins Mark getroffen. Sie machten mir so sehr zu schaffen, dass ich mich zeitweise nicht einmal aufraffen konnte, aufzustehen und mich anzuziehen. Es gab Tage, da lief ich den ganzen Tag im Pyjama herum. Ich hatte nicht einmal Lust, mit irgendjemandem zu telefonieren, nicht mit Freunden und auch nicht mit Verwandten. Ich blieb die meiste Zeit im Bett und versank in einer tiefen Depression.

Mein Mann dagegen schien spielend damit fertigzuwerden, wie sehr ich mich veränderte. Nicht ein einziges Mal beschwerte er sich über die öffentliche Demütigung, dass die Leute hinter seinem Rücken Witze über seine immer dicker werdende Frau machten. Aber ich merkte, dass er mich jetzt anders ansah. Es ging mir immer schlechter, und er machte sich Sorgen, ich könnte irgendwann zusammenbrechen.

Als ich schwanger wurde, wusste Calle nicht, was ihm bevorstand. Er hatte keine Ahnung, dass er sich bald um eine Frau kümmern musste, dic so stark eingeschränkt war, dass sie sich fühlte wie eine Invalidin. So hatte er sich das ganz bestimmt nicht vorgestellt. Einmal brach es aus ihm heraus. Soeben war er noch fürsorglich und verständnisvoll gewesen wie immer, doch im nächsten Augenblick verfinsterte sich seine Miene, und er sah unendlich besorgt aus. Zögernd und ganz leise fragte er mich: „Aber ..., aber Schatz, du wirst doch nicht für immer so aussehen? Das liegt jetzt nur an der Schwangerschaft, oder? Und danach geht es wieder weg?“ Was zum Teufel sollte ich denn darauf sagen, wenn mein Hormonhaushalt gerade völlig verrückt spielt und mir jeder Knochen einzeln wehtut? Ich hatte das Gefühl, dass meine Knie es nicht mehr lange machen. Natürlich liegt es an der Schwangerschaft! Du A...

Am liebsten wäre ich ihm ins Gesicht gesprungen, aber ich beherrschte mich. Ich biss mir auf die Zunge und kämpfte mit den Tränen. Als er sah, wie meine Augen feucht wurden, ruderte er schleunigst zurück: „Nein, nein, alles in Ordnung. Du bist auch jetzt schön, nur eben anders. Es ist die Schönheit einer Schwangeren ...", plapperte er drauflos. Ja, schon klar. Die Schönheit einer Schwangeren ...

An diesem Punkt brach ich das Gespräch ab. Mein Mann meinte es gut, aber er ist ein miserabler Lügner.

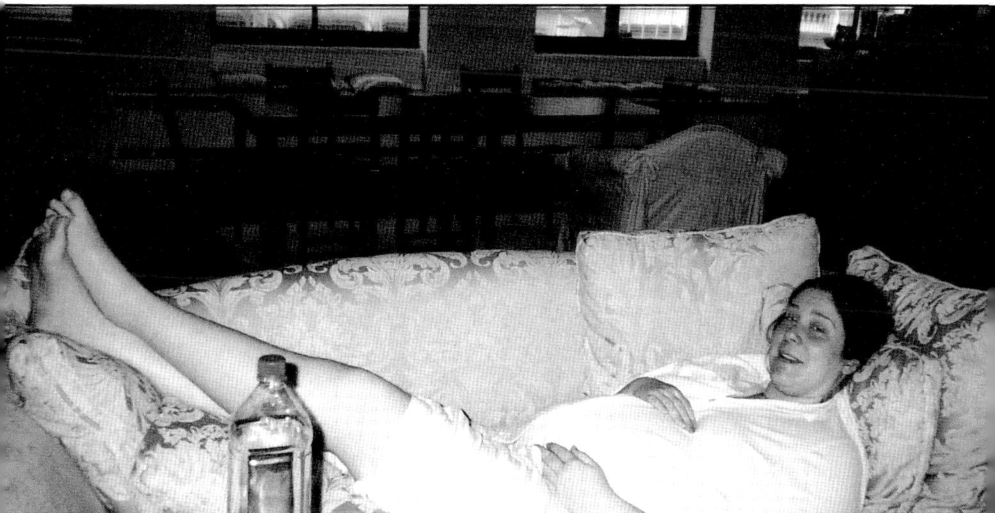

Ich war mitten im siebten Monat, als der Geburtstag meines Mannes vor der Tür stand. Schon seit Wochen war es mir gelungen, den meisten meiner Verpflichtungen aus dem Weg zu gehen. Ich hatte Angst davor, dass die Presse erfuhr, wie ich mittlerweile aussah. Aber zugleich wollte ich Calles Geburtstag ordentlich feiern. Er hatte mich in dieser schwierigen Phase so fantastisch unterstützt, dass ich unbedingt eine große Party für ihn organisieren wollte. Keine Ahnung, wo ich die Kraft dazu hernahm.

Ich beschloss, dass wir den Geburtstag meines Mannes in der Schweiz feiern sollten, in St. Moritz, wo er schon als Kind immer Ski gefahren war. St. Moritz ist das Zentrum der Reichen und Schönen. Ich war wie ein Schaf, das sich unter die Wölfe wagt: Hey Leute, ich bin's, Nathalie ...

Am Vorabend der Party lud ich ein paar gute Freunde zu einem kleinen Essen ein. Ich weiß noch, wie ich nervös neben meinem Mann in der Tür stand, um die Gäste zu begrüßen. Es war unfassbar, wie viel Platz ich brauchte. Mein Mann passte kaum noch neben mich. Als die Gäste ankamen, kamen sie aus dem Staunen nicht mehr heraus.

Nun waren das ja alles wohlerzogene, gebildete Leute mit guten Manieren. Und trotzdem konnten sie unmöglich ihre Ungläubigkeit darüber verbergen, wie sehr ich mich verändert hatte.

Beim Abendessen setzte ich mich auf die Bank an der Längsseite des Tisches, mit guten Freunden zu meiner Rechten und Linken. Um Platz für meinen Kugelbauch zu haben, musste ich den Tisch ziemlich weit von mir wegschieben, so weit, dass sich unsere Gäste doch sehr strecken mussten, wenn sie den Brotkorb in der Mitte des Tisches erreichen wollten. Doch als mir das auffiel, war es schon zu spät. Sie können sich vorstellen, dass ich in dieser Nacht nicht besonders gut geschlafen habe.

Mit dem ersten Morgenstrahl stand ich auf und fuhr zum Veranstaltungsort, um mich zu vergewissern, dass die Vorbereitungen für Calles Geburtstag so liefen, wie ich es geplant hatte. Als alles fertig war, zog ich mich zurück, um mich für die Party umzuziehen. Es gab ein Motto, und ich hatte kein richtiges Kostüm, aber ich suchte mir einen Aufzug zusammen, mit dem ich mich einigermaßen sehen lassen konnte.

Nach und nach trudelten die Gäste ein. Die meisten erkannten mich im ersten Moment gar nicht, und wenn doch, waren sie vollkommen sprachlos. Den größten Teil des Abends verbrachte ich damit, all diesen schönen Menschen dabei zuzusehen, wie sie sich prächtig amüsierten.

In den Kreisen, in denen ich verkehre, wird Fettleibigkeit nicht geduldet.

Als der Abend sich dem Ende zuneigte, stand mein Mann auf und hielt eine bewegende Rede, in der er mir von Herzen dankte. Während er sprach, war der Scheinwerfer auf mich gerichtet. Er kam zu mir und umarmte mich, und mir war es furchtbar peinlich, dass seine Arme nicht um mich herum reichten. Ich war erleichtert, als der Scheinwerfer endlich ausgeschaltet wurde. Danach ging die Party allmählich zu Ende.

Früher war ich sehr sportlich und aktiv gewesen. Können Sie sich vorstellen, wie beschämend es für mich war, als ich am nächsten Tag nicht einmal einen kleinen, schneebedeckten Berg in St. Moritz hinaufkam? Ich weiß, ich weiß, nicht gerade der richtige Ort für eine Schwangere im siebten Monat ...

Zu meinem Glück bot einer unserer Freunde, der am besten aussehende und kräftigste Mann in unserer Gruppe, mir freundlicherweise seine Hilfe an. Er wusste nicht, worauf er sich da einließ. Das hätten Sie sehen sollen: Als wir oben am Gipfel ankamen, sah er aus, als hätte er einen Elefanten den Berg hinaufgetragen. Können Sie sich vorstellen, wie mein Ego sich in jenem Augenblick gefühlt hat? Ich wusste nicht, ob ich lachen oder weinen sollte.

Shoppen gehen war so ziemlich das Letzte, worauf ich Lust hatte, aber meine beste Freundin bestand darauf. Sie glaubte, das würde mich aufmuntern. Das einzige Kleid, das mir noch passte, sah aus wie ein Kartoffelsack.

Der Besuch im Kaufhaus war ein regelrechter Schock. Unglaublich, wie ahnungslos ich all die Jahre gewesen war. Mir war nie aufgefallen, dass all die hübschen Kleider ausschließlich für Barbiepuppen gemacht waren. Obwohl ich alles in der größten Konfektionsgröße anprobierte, die es gab, fand ich nichts, was mir passte. Nichts, null, niente.

Als die hübsche, junge Verkäuferin sah, wie sich auf unseren Gesichtern zusehends Verzweiflung breitmachte, versuchte sie uns schonend beizubringen, dass wir eventuell einmal einen Blick ins Untergeschoss werfen sollten.

Also fuhren wir mit der Rolltreppe mehrere Stockwerke tiefer, bis wir das absolute Mode-Exil erreichten, in das kein Modedesigner sich je vorgewagt hatte.

Wir waren in eine ganz andere Welt verbannt worden. Schnell merkten wir, dass die meisten Modedesigner keine Kleider für dicke Frauen entwerfen. Designerklamotten gibt es in Small, Medium oder Large. Alles, was größer ist, ist viel weniger sorgfältig gestaltet und viel weniger attraktiv. Wie kann es sein, fragte ich mich, dass mit zunehmender Konfektionsgröße die Qualität des Designs offensichtlich abnimmt? Warum gibt es hübsche Klamotten nicht in größer? Plötzlich fand ich meinen Kartoffelsack gar nicht mehr so hässlich.

Als wir aus dem Kaufhaus flüchteten, war mein Gang seit Langem wieder einmal leicht und beschwingt.

Apropos Klamotten: Früher schickten mir einige Modedesigner hübsche Kleider und Outfits, weil sie hofften, dass ich sie bei einem meiner öffentlichen Auftritte tragen würde. Sobald mein Gewicht zunahm, war damit Schluss. Keiner dieser Edelschneider schickte mir jetzt noch Kleider. Das hat mich sehr getroffen. Heute schicken mir dieselben Modedesigner wieder Kleider, um an alte Zeiten anzuknüpfen. Ich sag mal so: Ich versuch's mit Humor zu nehmen und trage jetzt Kleider von ihren Konkurrenten.

Als ich im achten Monat war, verbrachten mein Mann und ich mit einigen Gästen einen wunderschönen Tag in unserem Haus im kalifornischen Malibu. Es war Mittag, und alle waren hungrig, also schlug ich vor, uns irgendwo eine Kleinigkeit zu besorgen, etwa einen Hamburger oder ein Sandwich. Jemand hatte uns vom „Johnny Rockets" erzählt, dort könne man in entspannter Atmosphäre leckeres Essen genießen. Wir beschlossen, die Probe aufs Exempel zu machen.

Wir waren zum ersten Mal dort. Auf der Speisekarte las ich „House Burger" und nahm an, dass das eine Spezialität des Hauses sei. Ohne lange nachzudenken, bestellte ich mir einen.

Ich konnte nicht wissen, dass der House Burger im „Johnny Rockets" tatsächlich etwas ganz Besonderes war. Von so einem

Burger wurden nämlich ungefähr zehn Personen satt. Außerdem war es mit einem ganz bestimmten Ritual verbunden, wenn ein solcher House Burger serviert wurde. Ich war wie immer völlig ahnungslos.

Plötzlich kam Unruhe im Lokal auf. Als ich aufblickte, sah ich, dass der Grund dafür unser Kellner war. Ich konnte es kaum glauben, denn der Kellner nahm Kurs auf mich!

In der einen Hand hatte er eine Glocke, die er wie verrückt läutete, und mit der anderen trug er einen Burger von der Größe eines Fußballs. In dem Burger steckten funkelnde Wunderkerzen. Das ganze Restaurant klatschte und johlte.

Alle blickten gebannt auf den riesigen Burger, während unser Kellner schnurstracks auf mich und meinen riesigen Bauch zusteuerte. Als er näher kam, war nicht zu überhören, wie die Anwesenden über mein Äußeres urteilten. Einige hoben mahnend den Zeigefinger, und so manches Johlen ging in ein Kichern über. Mehrere Leute fragten laut, warum so eine übergewichtige Frau so einen überdimensionierten Burger bestellt: Wollte sie etwa einen Herzinfarkt provozieren?

An unserem Tisch waren alle sehr erschrocken über die Reaktion der Gäste. Mein Mann und seine Freunde verfolgten mit wachsender Bestürzung, wie das Klatschen, Johlen und Klingeln immer lauter wurde. Schließlich hatte der Kellner unseren Tisch erreicht.

Mit übertriebener Geste knallte er den Riesenburger direkt vor meiner Nase auf den Tisch, während die Wunderkerzen immer noch funkelten. Im Restaurant brandete der Applaus noch einmal auf und strebte seinem Höhepunkt zu. Ich dachte, mir platze gleich das Trommelfell. Am liebsten hätte ich mich in Luft aufgelöst. Ich spielte mit dem Gedanken, mich unter dem Tisch zu verkriechen, aber angesichts meines Umfangs war daran nicht zu denken.

Mir war das alles so unglaublich peinlich, doch dann konnte ich nicht anders und musste lauthals loslachen. Die Leute verurteilten mich so oder so, egal, was ich aß oder tat. Mein Lachen war ebenso absurd wie hysterisch.

An einem Sommertag in New York musste ich feststellen, dass es nicht nur für mich eine Last war, von A nach B zu kommen. Mittlerweile hatten auch andere ihre liebe Mühe, mich von A nach B zu befördern. Ich hatte es eilig, und weit und breit war kein Taxi in Sicht. Da sah ich eine Gruppe von Rikschafahrern und steuerte auf sie zu. Als ich noch schlank war, rissen sich die Rikschafahrer darum, mich fahren zu dürfen: „Hallo, schöne Frau, brauchen Sie ein Taxi?" Jetzt liefen sie auseinander und rannten um ihr Leben. Es gelang mir, einen anzuhalten, einen Baumstamm von einem Mann. Er musterte mich von Kopf bis Fuß und winkte nur ab.

Der nächste Fahrer, ein kleiner, schmächtiger Mann, hatte Mitleid mit mir und schickte mich nicht weg. Er hat mir richtig leidgetan, als ich schon beim Einsteigen die Rikscha beinahe umgeworfen habe. Ich ließ mich auf einen Sitz fallen, der eigentlich für zwei gedacht war.

Es war eine wahre Herkulesaufgabe, mich durch die geschäftigen Straßen New Yorks zu chauffieren. Der Fahrer ging aus dem Sattel und trat im Stehen in die Pedale. Seine Beine, dünn wie Zahnstocher, arbeiteten mit ganzer Kraft, um mich zu meinem Ziel zu transportieren. Ich musste ständig den Schweiß beobachten, der meinem Fahrer in Strömen über den Rücken rann. Ich war meinem Fahrer sehr dankbar für seinen Einsatz, denn zu Fuß hätte ich es nie geschafft, rechtzeitig anzukommen. Aber ich hatte Angst, diese Fuhre könnte seine letzte sein.

Jetzt waren es nur noch wenige Tage bis zum Geburtstermin, und ich wog 111 Kilo. Alle, einschließlich meines Arztes, waren sehr besorgt um mich. Ich selbst war in dieser Phase seltsamerweise ganz ruhig, entspannter als meine Verwandten und Freunde. Ich gab mir große Mühe, das Ganze mit viel Humor zu nehmen, denn ich war mir absolut sicher, dass ich nicht immer so aussehen würde. Ich machte sogar Witze darüber, einfach um durchzuhalten und nicht zusammenzubrechen. Ich wusste, ich durfte den Kopf jetzt nicht hängen lassen. Ich musste Haltung bewahren und die vielen Demütigungen mit Fassung tragen.

Ich wusste, dass ich auf der Zielgeraden war. Aber es hob nicht gerade meine Stimmung, was die Leute für ein Gesicht machten und wie sie sich verhielten, wenn sie mich sahen. Ich wollte nicht, dass sich andere in meiner Gegenwart unwohl fühlten, also tat ich so, als würde ich nicht merken, was in ihren Köpfen vorgeht.

Wenn ich in den Spiegel schaute (was selten vorkam), musste ich zweimal hinsehen, weil ich gar nicht fassen konnte, dass das wirklich ich sein sollte. Haben Sie die *Krieg der Sterne*-Filme gesehen? Darin kommt eine Figur namens Jabba the Hutt vor. Erinnern Sie sich? Diese riesige, formlose Kreatur, die nur aus Speckwülsten zu bestehen schien.
Genau so sah ich mittlerweile aus. Im Ernst.

Mein Hals – oder vielmehr: mein Dreifachkinn – bestand aus Fettwülsten, die an einen Shar-Pei erinnerten. Meine Nase war aufgebläht wie eine Wasserbombe. Sie hatte sich in meinem Gesicht so breit gemacht, dass meine Augen (das Einzige, was an mir noch schön war) kaum noch zu sehen waren. Sie denken, ich übertreibe? Sehen Sie selbst!

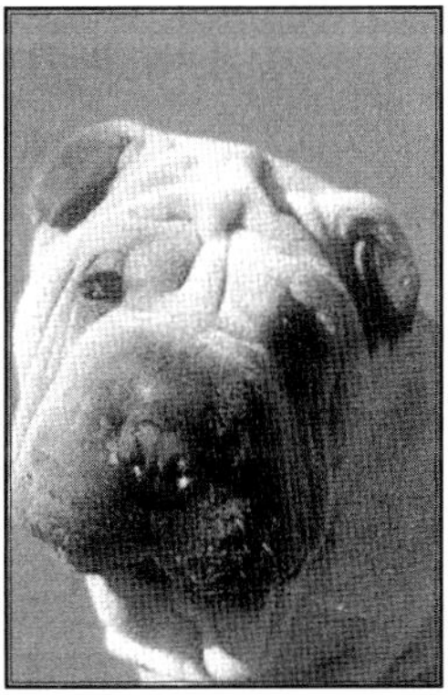

Sehen Sie die Ähnlichkeit?!

Heute kann ich darüber lachen ...

Aber das Schlimmste stand mir erst noch bevor. Zwei Wochen vor dem Geburtstermin konnte ich mich kaum noch rühren. In dieser Phase wünscht sich jede Schwangere nur noch eins: Dass es endlich vorbei ist und das Kind endlich kommt. Das Einzige, wozu ich noch die Kraft hatte, war, die Tage bis zur Geburt zu zählen. Die meiste Zeit verbrachte ich im Bett.

Die einfachsten Dinge, zum Beispiel in die Küche zu gehen und ein Glas Wasser zu holen, wurden zur Qual. Der Weg zur Toilette erschien mir wie eine Weltreise.

Ich hatte aber ein dringendes Bedürfnis und hoffte inständig, dass ich es diesmal rechtzeitig schaffen würde. Jede Frau, die schon einmal schwanger gewesen ist, weiß, wovon ich spreche. In den letzten Schwangerschaftswochen ist es ganz normal, wenn man Schwierigkeiten mit der Blase hat. Ich schleppte mich also ins Bad wie eine Sumo-Ringerin.

Ich beeilte mich, so sehr ich konnte, und ließ mich mit meinen ganzen 111 Kilo auf die Klobrille plumpsen. Ha! Geschafft!

Aber der Augenblick des Triumphs währte nur kurz. Von irgendwoher hörte ich ein seltsames Geräusch.

Knnnacks... krrrach ...

Zuerst begriff ich nicht, wo das Geräusch herkam. Dann dachte ich: „Wow! So schwer bin ich also! Das Geräusch muss vom Klositz stammen, der unter meinem Gewicht ächzt!" Doch im nächsten Augenblick merkte ich, dass ich mich getäuscht hatte. Ich spürte einen brennenden Schmerz in meinen Oberschenkeln, als würden mir messerscharfe Klingen ins Fleisch schneiden.

Mit Mühe richtete ich mich auf, drehte mich um und starrte auf die Kloschüssel. Und dann folgte ein schriller Schrei des Entsetzens. Ich schrie, wie ich noch nie im meinem Leben geschrien hatte. Mein Mann hörte mich und eilte erschrocken ins Bad. Der Frau, die er dort vorfand, war der kalte Schweiß ausgebrochen. Ich war völlig in Tränen aufgelöst.

„Oh mein Gott!", schrie ich. „Es reicht! Das Baby soll jetzt endlich kommen! Ich will nicht mehr fett und schwanger sein." Wow. Das war für meine Verhältnisse ein echter Wutanfall. Ich war mit den Nerven einfach komplett am Ende.

„Was ist passiert?", fragte Calle.

Ich schaute ihn einfach nur an, Tränen rannen über meine Wangen, und ich sagte: „Liebling, jetzt bin ich am absoluten Tiefpunkt angekommen. Ich habe gerade die Kloschüssel kaputt gemacht. Sie hat nicht einfach nur einen Sprung, sie ist richtig auseinandergebrochen!"

Die ganze Schwangerschaft über hatte ich mich zusammengenommen. Aber jetzt konnte ich nicht mehr. Ich starrte ungläubig auf die Kloschüssel und dachte voller Selbstmitleid daran zurück, wie ich früher ausgesehen hatte. Ich war einmal hübsch gewesen. Man hatte mich um meinen Körper beneidet. Ich hatte ALLES gehabt. Und jetzt? So weit war es mit mir gekommen, dass ich jetzt Kloschüsseln entzweibrach und kaum mehr alleine aufstehen konnte!

Calle, typisch Mann, schaute zuerst die gebrochene Kloschüssel an und dann mich. Er runzelte die Stirn und sagte: „Na toll. Und was soll ich jetzt machen?"

An diesem Abend habe ich ihn auf der Couch schlafen lassen. In unserem Ehebett war ohnehin kaum Platz für ihn.

Ich marschierte in das Krankenhaus wie ein wandelnder Vulkan kurz vor dem Ausbruch. Wer mir im Weg war, wurde einfach beiseitegeschubst.

So eine Geburt ist für die Mutter ja kein Zuckerschlecken. Aber für meinen Mann, die Krankenschwestern und den Arzt war es eine absolute Mammutaufgabe.

Für den Arzt war das größte Problem die Sorge um meine langfristige Gesundheit. Und ich? Meine Hormone spielten verrückt, und ich hatte es satt, schwanger zu sein. Auch die Krankenschwestern waren in Angst und Schrecken versetzt – wenn auch aus ganz anderen Gründen. Glauben Sie mir, wenn ich an jenen Tag zurückdenke, muss ich heute noch lauthals loslachen. Es waren Szenen wie aus einer Filmkomödie. Nachdem ich neun Monate lang ignoriert oder wie eine Schwachsinnige behandelt worden war, hatte ich die Nase so was von gestrichen voll, das können Sie sich gar nicht vorstellen.

Die erste Krankenschwester, die in mein Zimmer kam, wollte mir für Infusionen eine Nadel in den Arm stecken. Weil ich damit bereits schlechte Erfahrungen gemacht hatte, sagte ich: „Bitte nicht in meinen linken Arm. Der wird sofort ganz blau und lila."

Die Schwester nahm keine Notiz von mir. Sie machte einfach weiter und stach mit einer Nadel in meinen linken Arm. Haben Sie jemals einen Vulkan ausbrechen sehen, in dem sich seit neun Monaten die heiße Lava aufgestaut hat?

Es ist kein schöner Anblick, das können Sie mir glauben. Ich packte die Schwester am Oberarm und schob sie von mir weg, während die Nadel noch immer halb in meinem Arm steckte. Dann riss ich die Nadel heraus und brüllte aus vollem Hals: „Sehen Sie, ich werde sofort blau! Warum hört mir nie jemand zu? Raus aus meinem Zimmer! Ich will hier keine Schwestern sehen. Nur meinen Arzt!"

Die Krankenschwester wurde kreidebleich und rannte hinaus. Zwei Minuten später kam eine andere Schwester herein und brachte mir einen Becher mit Tabletten. Ich fragte, was das für Tabletten seien, denn ich weiß nun einmal gerne, was ich da eigentlich schlucke. Aber sie ging einfach über meine Fragen hinweg – Geht das schon wieder los ...? – und sagte: „Schlucken Sie's einfach, meine Liebe."

Nur fürs Protokoll: Diese Schwester wirkte ziemlich abgebrüht. Ich glaube, nach dem Zwischenfall mit der ersten Schwester hatten sie die hier extra zu mir reingeschickt, um mir zu zeigen, wo's langgeht. Es scheint allerdings nicht viel geholfen zu haben. Wenig später rannte nämlich auch sie aus dem Zimmer, nachdem ich den Becher mit den Tabletten nach ihr geworfen hatte.

Ich war noch nie in meinem Leben so ungeduldig und so grob zu anderen gewesen, aber war das ein Wunder, nach allem, was ich durchgemacht hatte? Ich wog 111 Kilo und ich hatte einen Bauch, der aussah, als würde er jeden Moment platzen. Mir brannten einfach die Sicherungen durch. Eine halbe Stunde später kam eine dritte Krankenschwester herein, diesmal mit einer Bettpfanne. Sie wissen schon, eines von diesen Dingern, die sie einem ins Bett schieben, wenn man nicht aufstehen kann und aufs Klo muss.

Ob Sie's glauben oder nicht: Der Auslöser für den heftigsten Wutanfall meines Lebens war eine Bettpfanne. Eine Bettpfanne! Zuerst sagte ich, ich könne ohne Hilfe aufs Klo gehen. Ich sei dick und hätte Schmerzen, aber ich sei nicht behindert.

Die Schwester blieb eisern. Ich auch. Die Schwester wurde etwas lauter. Ich auch. Und dann ging mein Temperament mit mir durch. Ich riss ihr die Bettpfanne aus der Hand und schrie: „Jetzt reicht's!" Als ich die Pfanne nahm und ausholte, rannte die Schwester aus dem Zimmer. Ich warf ihr die Pfanne hinterher, aber zum Glück flog sie haarscharf an ihrem Kopf vorbei. Als die Bettpfanne krachend zu Boden fiel, kam ich wieder ein Stück weit zur Vernunft. Meine Selbstbeherrschung bekam wieder die Oberhand, und plötzlich fand ich mein Verhalten selber beängstigend. Nathalie, dachte ich, was ist los mit dir? Du führst dich doch sonst nicht so auf! Eineinhalb Stunden vergingen, ohne dass irgendjemand sich zeigte. Selbst mein Mann, der im Wartezimmer saß, wusste offenbar, dass er sich gerade besser von mir fernhielt. Dann kam mein Arzt herein und schaute mich an wie ein kleines Mädchen, das etwas ausgefressen hat.

„So, Frau Unruhestifterin, jetzt erklär mir mal, was hier los ist. Ich habe ein erstklassiges Team von Krankenschwestern, die so einiges gewohnt sind. Aber du, du machst ihnen Angst."

„Ich mache ihnen Angst?", fragte ich.

„Ja", antwortete der Arzt. „Keine traut sich mehr zu dir herein. Jede, die durch diese Tür hereinkommt, rennt wenig später schreiend wieder hinaus."

Und dann erzählte ich meinem Arzt ganz ruhig meine Geschichte. Endlich jemand, der mir wirklich zuhörte. Er stand einfach nur lächelnd da und nickte und wiegte den Kopf. Von da an kümmerte er sich um mich. Ich war fortan ganz ruhig und umgänglich. Ich lächelte sogar ein wenig, weil ich mich als Mensch wahr- und ernst genommen fühlte. Kurz darauf kam auch mein Mann herein, der ein Talent dafür hat, aufzutauchen, wenn der Sturm sich gelegt hat. Begleitet wurde er vom Anästhesisten. Calle hatte ihm bereits erklärt, dass ich extrem sensibel auf Medikamente reagiere.

Wir dachten, er hätte uns zugehört. Das war aber nicht so. Aber so langsam hatte ich mich an den Gedanken gewöhnt, dass ich unsichtbar war. Die Konsequenz war, dass mein Mann nach der Geburt unseren wunderbaren Jungen mit der Flasche füttern musste, weil ich mich ständig übergeben musste und acht Stunden lang immer wieder kleine Mengen einer gelben, schaumigen Flüssigkeit spuckte: das Narkosemittel. Hatten wir das nicht schon mal? Einmal mehr war ich einfach ignoriert worden. Der Anästhesist hatte sich kein bisschen für das interessiert, was wir ihm gesagt hatten, und mir prompt zu viel Anästhetikum verpasst.

Und dann kam der große Wendepunkt in meinem Leben:

Noch etwas benommen hielt ich acht Stunden nach der Geburt zum ersten Mal meinen Sohn im Arm.

Er blickte zu mir auf, und wir schauten uns direkt in die Augen. In diesem Augenblick gewann ich in Bruchteilen einer Sekunde mein Selbstbewusstsein zurück. Was ich in meinen Armen hielt, war die größte Leistung meines Lebens. Mein Meisterwerk. Die ganze Welt versank in Bedeutungslosigkeit. In diesem Moment gab es nur meinen Sohn und mich.

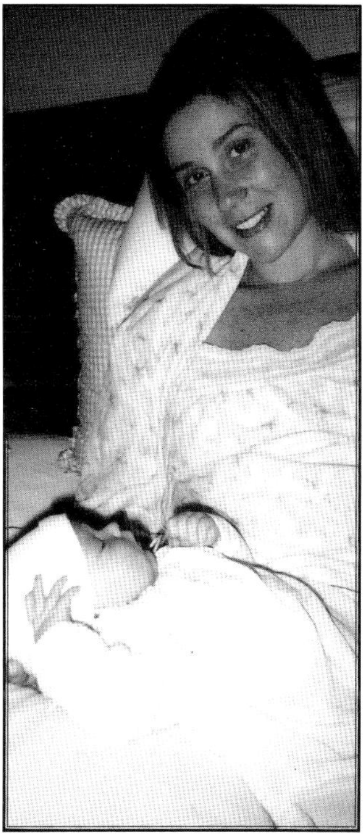

Als mich mein Sohn zum ersten Mal anlächelte, schöpfte ich neue Hoffnung und unendlich viel Kraft, um mit allen Schwierigkeiten fertigzuwerden.

Als ich zusammen mit meinem Mann und unserem Kind das Krankenhaus verließ – natürlich im Rollstuhl –, war das für mich ein echter Neuanfang. Im Vergleich zu dem, was ich in Armen hielt, erschien alles, was mich in den letzten Monaten geärgert oder verletzt hatte, winzig und unbedeutend.

Ich war froh, wieder zu Hause zu sein. Und doch hatte ich noch einen weiten Weg vor mir. Ich musste noch so viele Pfunde loswerden! In den Wochen nach der Geburt war ich an den Rollstuhl gefesselt. Mein Körper hatte beschlossen, Urlaub von mir zu machen, und ich konnte drei Monate lang kaum laufen. Ein Spaziergang um den Block war für mich der reinste Marathon.

Allmählich ging es mir etwas besser und ich kam wieder zu Kräften. Es wurde Zeit, den Kleinen der Familie vorzustellen. Also machte ich mich mit meinem Mann und dem Baby auf zum Flughafen.

Auf dieser Reise lernte ich zum ersten Mal die hässliche Seite einer Gesellschaft kennen, in der Unwissenheit und Grausamkeit eine ungute Verbindung eingehen. Am Schalter der Fluggesellschaft mussten wir auf einen Rollstuhl für mich warten. Es dauerte 40 Minuten, einen aufzutreiben.

Wenn man ein breiter, übergewichtiger Mensch ist, dann kümmert sich die Gesellschaft zwar um einen, aber sie macht dabei so ziemlich alles falsch, was man falsch machen kann. Als Betroffene fehlten mir schlichtweg die Worte für das, was mir zugemutet wurde. Als der Rollstuhl endlich eintraf, war er so klein, dass ich gar nicht hineinpasste. Anstatt uns endlich auf den Weg zum Gate zu machen, mussten wir also noch länger warten, bis sie einen größeren gefunden hatten. Bei all dem keine Spur von einem Lächeln. Kein Mensch lächelt heutzutage noch!
Meine Güte. Viel zu viele Leute nehmen das Leben einfach viel zu ernst. Wenn Sie mich fragen, wird das Leben grandios überschätzt. Jedenfalls war das Ende vom Lied, dass wir durch das Rollstuhl-Fiasko beinahe unseren Flug verpasst hätten.

In letzter Minute noch die Maschine zu erreichen, ist schlimm genug, vor allem wenn man körperlich geschwächt ist. Viel schlim-

mer war jedoch die Erfahrung, dass zwei Stewardessen sich über meinen Kopf hinweg über mich unterhielten, als wäre ich gar nicht da. Wussten sie nicht, dass es etwas anderes ist, ob man geistig oder körperlich behindert ist? Tatsache ist: Die Leute begannen mich zu behandeln und mit mir zu reden, als wäre ich eine Schwachsinnige oder ein kleines Kind – wenn sie überhaupt mit mir redeten, denn das war keineswegs selbstverständlich.
Diese beiden Stewardessen zum Beispiel diskutierten, was sie mit mir machen sollten, als säße ich nicht direkt daneben. Und wenn ich versuchte, mich einzuschalten oder einen Vorschlag zu machen, hörten sie mir einfach nicht zu. Ich war ihnen völlig gleichgültig. Was sie betraf, hätte ich ebenso gut unsichtbar sein können.

Fluggesellschaften sind auf übergewichtige Menschen nicht eingerichtet. Das zeigt sich schon an den Flugzeugen. Die Sitze sind einfach zu schmal. Dass man sich nur mit Mühe in so einen Sitz hineinquetschen kann, das ist das eine. Aber dann besitzen Stewardessen die Unverfrorenheit, einem ins Gesicht zu sagen: „Also, wenn der Sitz zu klein und unbequem für Sie ist, dann sollten Sie beim nächsten Mal zwei Plätze buchen." So unglaublich es klingt: Diese Bemerkung und diesen „guten Rat" habe ich nicht nur bei einer Airline zu hören bekommen, sondern bei mehreren. Manche Fluggesellschaften schreiben einem ab einem bestimmten Umfang sogar vor, zwei Plätze zu buchen.

Und dann ist da die Sache mit den Tabletts. Angesichts meiner Leibesfülle hatte ich nicht die geringste Chance, mein Tablett mehr als zur Hälfte herunterzuklappen. Nach hinten konnte ich ja nicht ausweichen. Wäre ich ein hübsches schlankes Model gewesen, hätte die Stewardess das Tablett nicht nur für mich heruntergeklappt, sondern sie hätte mich dabei angelächelt und so etwas gefragt wie: „Möchten Sie noch etwas mehr von diesem oder jenem? Hätten Sie gerne noch ein Glas Sekt?"

Nicht so bei einer Übergewichtigen.

Die Stewardessen schauen einem nicht nur zu, wie man mit dem Tablett kämpft, ohne einen Finger zu rühren. Sie stehen mit dem Essen in der Hand daneben, rollen mit den Augen, blasen die Backen auf und sagen mit ungeduldigem Unterton in der Stimme: „Ich komme noch mal vorbei, wenn Sie so weit sind."

Mir blieb der Mund offen stehen. Äh ... Hallo? ... Ich fürchte, ich werde nie so weit sein. Ich werde auf diesem Flug einfach gar nichts essen.

Jaja, ich weiß, ich hätte den Mund aufmachen können, mich beschweren, das System an den Pranger stellen können – die Ignoranz, die Unmenschlichkeit, die Taktlosigkeit. Aber wozu?

Wissen Sie, wenn Sie in so einer schwachen Position sind, weil Sie körperlich so stark beeinträchtigt sind, dann haben Sie zwei Möglichkeiten.

Erstens: Sie regen sich furchtbar auf, machen eine Szene und bekommen am Ende trotzdem nichts zu essen. Zweitens: Sie halten kurz inne und sagen sich, dass Sie mit der Ignoranz und den Problemen dieser Leute nichts zu schaffen haben. Ich lasse doch nicht zu, dass die negative Energie dieser Leute auf mich abfärbt. Zumal ich ja dann immer noch hungrig wäre.

Der krönende Abschluss des Ganzen war, dass ich nach der Landung 35 Minuten in einem leeren Flugzeug herumsitzen musste. Wer Hilfe benötigt, muss nämlich warten, bis alle anderen ausgestiegen sind. Was ist das denn für eine Logik? Wo bleibt da das Mitgefühl? Zuerst sollten die Bedürftigen aussteigen, dann alle anderen.

Die Zeit verging, langsam war ich wieder besser zu Fuß und lächelte wieder häufiger. Ich achtete von Anfang an darauf, gesund zu essen, und verlor schon im ersten Monat nach der Geburt einiges an Gewicht. Ich hatte eben einiges an Wasser im Gewebe gehabt. Nicht, dass ich schon Licht am Ende des Tunnels gesehen hätte, aber es war ein Anfang. Ich war fest entschlossen, dass es dabei nicht bleiben durfte. Wenn ich meinem Mann dabei zuschaute, wie er sich auf dem Boden wälzte und mit unserem Baby spielte, musste ich jedes Mal denken: „Wenn ich so dick bleibe, werde ich das nie können. Ich werde nie mit ihm spielen und tanzen und herumtollen können." Ich musste die Pfunde loswerden – meinem Sohn, meiner Familie, vor allem aber mir selbst zuliebe.

Außerdem wollte ich nicht, dass sich mein Sohn später einmal für seine Mutter schämen muss. Wenn er älter wurde, würde er von gesellschaftlichen Idealvorstellungen beeinflusst werden. Also verordnete ich mir eine Low-Carb-Diät, bei der ich essen konnte, so viel ich wollte und wann ich wollte (ich aß natürlich nur Gesundes). Wenn ich diese Diät durchhalten wollte, musste ich allerdings ordentlich Anlauf nehmen, damit der Schwung eine Zeit lang anhielt. Zum Glück gab es in der Nähe einen kleinen buddhistischen Wellnesssalon, wo ich jeden Tag hingehen konnte. Ich buchte ein Sieben-Tage-Programm. So schwer kann es doch nicht sein ...?

Nachdem man mich untersucht hatte, wurde ein Programm für mich zusammengestellt, das unter anderem Yoga, Meditation, Massagen, eine Darmreinigung und einen Kurs über gesunde

Ernährung umfasste. Die größte Umstellung bestand darin, dass ich keine feste Nahrung zu mir nehmen durfte.

Ich durfte nur noch Proteindrinks schlürfen.

Am ersten Tag, an dem ich mich ausschließlich von Proteindrinks ernährte, fühlte ich mich gut und war guter Dinge. Am zweiten Tag wurde ich ruhiger. Ich merkte, dass andere Kursteilnehmerinnen leicht reizbar waren. Am dritten Tag begann ich zu halluzinieren. Einmal biss ich ohne Übertreibung in einen Stuhl, den ich für ein Hähnchen gehalten hatte. Der Hunger wurde unerträglich, aber ich ließ mich nicht unterkriegen.

Meine Zähigkeit wurde belohnt.

Als die sieben Tage um waren, fühlte ich mich großartig. Ich war optimistisch und motiviert, ich hatte durch die Darmreinigung 2,5 Kilo abgenommen und durch die Proteindrinks 5 Kilo, und meine Haut sah toll aus. Ich hatte einen klaren Kopf, mein Körper schmerzte immer weniger, und mein Herz war voller Liebe.

Je mehr Selbstvertrauen ich zurückgewann, desto lebendiger fühlte ich mich. Keine Hektik, sagte ich mir immer wieder, eines nach dem anderen. Ich wusste, dass ich einen weiten Weg vor mir hatte, aber ich hatte das Ziel fest im Blick. Acht Monate später erreichte ich die 60-Kilo-Marke. Unglaublich, oder? So cool! Alles abgespeckt! Doch dann geschah etwas Seltsames.

Es hatte Leute gegeben, die mich nicht mehr erkannt hatten, als ich dick war. Und jetzt gab es Leute, die mich nicht mehr erkannten, weil ich den ganzen Babyspeck los war.

Anfänglich war es verwirrend: Eben jene Frauen, die ach so nett zu mir gewesen waren, als ich noch dick war und keine Bedrohung für sie darstellte, wechselten jetzt, wo ich abgenommen hatte, kaum mehr ein Wort mit mir und würdigten mich keines Blickes.

Es fehlte ihnen einfach an Selbstbewusstsein. Mir war immer wichtig, dass ich innerlich die Gleiche blieb, egal, ob ich breite oder schmale Hüften hatte.

Früher hätte ich es sehr persönlich genommen, dass ich nach meiner Schlankheitskur von bestimmten Frauen geschnitten wurde. Aber nach allem, was ich durchgemacht hatte, sagte ich mir nur: Ach! Ich bin so froh, dass es mir wieder gut geht, dass mir weder die neidvollen Blicke dieser Frauen etwas ausmachen noch die lästigen Männer auf der Straße, ob es nun Bauarbeiter sind oder junge Kerle, die mit mir flirten wollen. Ich habe für jeden ein Lächeln übrig. Früher habe ich oft gereizt reagiert. Heute lasse ich das alles mit einem Lächeln an mir abperlen.

Im Grunde reagierten die Leute genauso schockiert auf das Ergebnis meiner Schlankheitskur, wie sie damals auf meine Gewichtszunahme reagiert hatten. Nur dass sie dieses Mal im positiven Sinn überrascht waren. Der 40. Geburtstag meines besten Freundes nahte, und ich beschloss, anlässlich seiner Geburtstagsparty mein „Coming-out" zu feiern. Also wählte ich ein attraktives Outfit, in dem mein schlanker, gepflegter Körper gut zur Geltung kam. An jenem Abend hat man mir viele Komplimente gemacht, aber eines ist mir in besonderer Erinnerung geblieben.

Es stammte von einem der besten Freunde des Geburtstagskindes – nennen wir ihn G. Wir hatten uns gegen Ende meiner Schwangerschaft kennengelernt, als ich sehr übergewichtig war. Als G. auf der Party auf mich zukam, verbarg er nicht seine Begeisterung darüber, wie umwerfend ich aussehe. Wie so viele erkannte er mich im ersten Augenblick gar nicht. Und dann rutschte ihm heraus, dass er damals, als wir uns zum ersten Mal getroffen hatten, gar nicht verstanden habe, warum mein bester Freund eigentlich mit mir befreundet sei. Für G. war völlig unverständlich, was mein bester Freund von mir wollte, war dieser doch ständig von schönen Frauen umringt. Warum ich? Warum stand ausgerechnet ich ihm so nahe?

Als ich das hörte, war ich wie vor den Kopf gestoßen. Das war das Oberflächlichste, was ich je gehört hatte.

Allerdings ließ ich meine Entrüstung schnell in ein Lächeln münden – zu einer anderen Antwort wäre ich in diesem Moment ohnehin nicht fähig gewesen. Er meinte es als Kompliment, also beschloss ich, ihm nicht weiter böse zu sein.

Und dann erlebte ich noch einen Schock ganz anderer Art.

Der Auslöser war ein älteres Ehepaar, das mein Mann seit vielen Jahren kannte – nennen wir sie Herr und Frau H. Wir waren schon des Öfteren bei ihnen zum Dinner eingeladen gewesen und wir hatten viele gute Gespräche über Gott und die Welt geführt. Ich war immer davon ausgegangen, dass Herr H. mich wegen meiner Persönlichkeit mag. Als er mich kennenlernte, war ich eine ziemlich übergewichtige Frau gewesen, aber er hatte mir nie irgendwelche Vorwürfe gemacht.

Als ich wieder mein Normalgewicht hatte, traf ich die beiden auf einer Party wieder. Frau H. mischte sich mit ihrem Cocktail unter die Leute, während sich Herr H. auf der Couch entspannte. Ich freute mich sehr, ihn wiederzusehen, setzte mich zu ihm, und wir unterhielten uns mindestens 20 Minuten. Aber auf ihn schien die schlanke Nathalie den gleichen Effekt zu haben, den die übergewichtige Nathalie auf alle anderen Leute gehabt hatte. Er verhielt sich seltsam distanziert, und ich fragte mich die ganze Zeit, woran das liegen mochte.

Die Antwort erhielt ich wenig später beim Abendessen. Wir standen beide auf und nahmen unsere Plätze bei Tisch ein. Ich saß noch keine zwei Minuten, da kam Frau H. angelaufen. Sie schüttelte sich vor Lachen.

Sie erzählte mir, ihr Mann habe sie gerade gefragt, wer diese hübsche junge Dame denn gewesen sei, die sich mit ihm unterhalten habe. „Na, das war Gräfin Nathalie von Bismarck! Sag bloß, du hast sie nicht erkannt?", sagte sie, und Herr H. antwortete: „Aber das ist unmöglich. Nathalie ist korpulent, sehr korpulent. Diese Frau dagegen war rank und schlank, alles andere als korpulent."

Als sie mir die Geschichte erzählte, lächelte ich nur. Wow, dachte ich still bei mir. Ich hatte mich schon so oft mit Herrn H. unterhalten, und trotzdem hatte er mich nicht erkannt. Es war erstaunlich, wie sehr er sich von meiner äußeren Erscheinung in die Irre führen ließ. Ich beschloss, das Ganze als Kompliment zu nehmen und lachte mit.

Nach der Geburt meines Sohnes konnte ich mich nicht mehr verstecken. Ich war mir darüber im Klaren, dass mein Leben jetzt im Großen und Ganzen wieder sein würde wie zuvor. Als Ehefrau des zukünftigen Fürsten von Bismarck und Mutter seines Stammhalters kam ich nicht umhin, mich ab und zu in der Öffentlichkeit zu zeigen. Also stellte ich mich der Presse und präsentierte stolz unseren Sohn. Alle waren hingerissen von meinem kleinen Engelchen.

Offen gesagt hat es auch seine Schattenseiten, ständig im Licht der Öffentlichkeit zu stehen. Dadurch, dass ich einer bekannten deutschen Adelsfamilie angehörte, war es noch peinlicher für mich, als die Fotografen ihre „Vorher-nachher-Bilder“ machten.

Das Beste war mein Comeback in den Medien, nachdem ich die ganzen Pfunde los war. Dieselben Zeitschriften, die mich noch vor Kurzem mit Häme überschüttet hatten, nahmen jetzt überrascht zur Kenntnis, dass ich wieder genauso schlank war wie eh und je. Jetzt war Schluss mit Kommentaren wie „Sie sieht aus, als würde sie gleich platzen“. Stattdessen hieß es nun anerkennend: „Wow, sie ist den ganzen Babyspeck los!“

In dieser Phase meines Lebens lernte ich, wie grausam die Welt sein kann. Früher hatte ich alles gehabt, was man sich nur wünschen kann, und wusste gar nichts damit anzufangen. Doch dann, während der schwierigen Zeit der Schwangerschaft, wäre ich fast wahnsinnig geworden. Bevor ich schwanger wurde, wusste ich es überhaupt nicht zu schätzen, dass mir jeder Wunsch von den Augen abgelesen wurde. Wahrscheinlich ist es schwer, sich das vorzustellen, aber manchmal hat mich das sogar genervt.

Aber wie meine Erfahrung zeigt, sollte man ein wenig vorsichtig sein bei dem, was man sich wünscht. Wie heißt es doch im Sprichwort: „Man weiß erst zu schätzen, was man verloren hat."

Früher wurde ich ständig angestarrt. Manche Männer versuchten mit mir zu flirten, andere tuschelten hinter meinem Rücken, wieder andere halfen mir mit meinem Koffer oder riefen mir ein Taxi. Wenn ich eine Straße entlanglief und ein Mann etwas Nettes zu mir sagte, dann warf ich ihm nur einen schnippischen, strafenden Blick zu und ging einfach weiter. Als ich plötzlich übergewichtig und unattraktiv war, fand ich mich in einer ganz anderen Wirklich keit wieder. Nichts war mehr wie vorher. Kein Mensch drehte sich nach mir um. Kein Mensch lächelte mich an. Ich wurde behandelt, als wäre ich Luft. Ich war nicht zu übersehen und doch unsichtbar.

Es ist so traurig mitanzusehen, dass unsere Gesellschaft keinen Sinn für die Bedürfnisse übergewichtiger Menschen hat. Ich habe das am eigenen Leib erfahren. Es war eine unglaubliche, unbeschreibliche Erfahrung, als ich mich im Laufe der Schwangerschaft in eine Übergewichtige verwandelte. Es war, als gehöre dieser Körper gar nicht zu mir. Ich fühlte mich wie eine schlanke Frau, die in einem riesigen Körper gefangen ist. Ich fühlte mich wie ein Monster. Ja, ich war überzeugt, ein Monster zu sein, einfach deshalb, weil ich wie eines behandelt wurde. Manche hatten Mitleid mit mir. Andere gingen mir aus dem Weg, als hätte ich eine ansteckende Krankheit.

Dabei ist in unserer Gesellschaft so viel von Verständnis und Unterstützung für übergewichtige Menschen die Rede. Man gibt vor, sie gleich zu behandeln. Schließlich könne man Übergewichtigkeit nicht als Laune der Natur abtun. Aber meiner Erfahrung nach ist das alles nur heiße Luft. Übergewichtige können heutzutage auf wenig Verständnis hoffen, ihre Bedürfnisse werden weitgehend ignoriert. Allzu leicht wird dabei vergessen, dass es sich um Menschen aus Fleisch und Blut handelt, die genauso Gedanken und Gefühle haben wie Sie und ich.

Wenn man einmal eine solche Erfahrung gemacht hat, dann hinterlässt das tiefe Spuren in der Persönlichkeit. Der Schmerz verändert Menschen, egal, ob es sich um körperliche Schmerzen handelt oder um Demütigungen. In meinem Fall war es beides. Ich hatte unablässig Schmerzen. Von morgens bis abends tat mir von Kopf bis Fuß alles weh. Oft habe ich das nur ausgehalten, indem ich lange Selbstgespräche führte. Irgendwann habe ich mich an die Schmerzen gewöhnt und gelernt, mit ihnen zu leben. Jetzt, da die körperlichen Schmerzen hinter mir liegen, ist mein Körper für mich wie ein Heiligtum, und ich gehe viel respektvoller mit ihm um als früher. Aber ich werde niemals die Schmerzen und die Traurigkeit vergessen, die während der Schwangerschaft zu meinen ständigen Begleitern wurden.

Wenn Sie das nächste Mal jemanden Übergewichtigen treffen, dann machen Sie sich bewusst, dass dieser Mensch in jeder Hinsicht vom Schicksal benachteiligt ist. Dass sich der Wert eines

Menschen nicht an seinem oder ihrem Äußeren festmachen lässt. Und dass die Bedürfnisse übergewichtiger Menschen allzu oft ignoriert werden. Schauen Sie nicht weg, damit machen Sie es sich zu leicht. Viel zu oft blenden wir Dinge, mit denen wir uns schwertun, einfach aus und verbannen sie aus unserem Alltag.

In jenen dunklen Tagen nach der Geburt war das Einzige, was mir Kraft gab, mein neugeborener Sohn. Er wärmte mir das Herz und rührte mich zu Freudentränen. Unglaublich, wie uns so ein kleines, unendlich schönes und unschuldiges Geschöpf mit bedingungsloser Liebe überschüttet. So ein Baby ist noch völlig unverdorben von gesellschaftlichen Vorstellungen. Es weiß noch nichts vom Leben, und das Einzige, was es will, ist unsere Wärme, unser Lächeln, unsere Liebe. Mein Sohn und mein Mann waren die einzigen Menschen, denen mein Äußeres völlig gleichgültig war. Durch sie habe ich zurückgefunden zu meinem Herzen, meinem Verstand und meinem Glück. Die Geburt meines Sohnes war das größte Glück meines Lebens.

In der Zeit meiner Unsichtbarkeit habe ich etwas ganz Wichtiges gelernt. Zum ersten Mal wurde mir bewusst, dass ich im Grunde unsichtbar für mich selber war. Ich war nie ganz im Hier und Jetzt. Ich lebte mein Leben völlig mechanisch. Nathalie von Bismarck war für mich letztlich nicht mehr als die Frau, die ich sah, wenn ich in den Spiegel blickte. Heute weiß ich, dass der Schlüssel zum Glück ein intaktes Selbstbewusstsein und innere Zufriedenheit sind. Davon bin ich fest überzeugt. Je mehr man sich seiner selbst bewusst ist, desto deutlicher spürt man, wie sehr man sich selbst ständig verändert. Und dann passiert etwas sehr Interessantes: Plötzlich sind alle anderen Menschen unsichtbar, aber nicht mehr man selbst. Und mit einem Mal ist man ganz eins mit sich selbst.

Glauben Sie an sich und vertrauen Sie auf Ihr Bauchgefühl. Mehr müssen Sie gar nicht tun, um sich selbst wahrnehmen zu können. Ihre Energie und Ihre Persönlichkeit sind das, was Sie ausmacht – das, was Sie einzigartig macht. Sie werden sehen: Sie ziehen Menschen an wie ein Magnet.

An dem Tag, an dem ich wieder 57 Kilo wog, schloss sich der Kreis. Ein Lebensabschnitt voller kleiner und großer Fortschritte lag hinter mir.

Früher präsentierte ich mein Äußeres auf dem Silbertablett, doch das, was meine wahre Schönheit ausmacht, hielt ich fest in mir verschlossen. Jetzt habe ich endlich erkannt, was Schönheit eigentlich ist. Ich weiß, welche Menschen in meinem Umfeld mir aufrichtig und ehrlich begegnen und wem ich wirklich etwas bedeute. Ich habe jetzt genug Selbstvertrauen, um ganz ich selbst zu sein und keine Angst davor zu haben, was andere über mich denken.

Als ich noch schlank und gut aussehend war, habe ich so viel für selbstverständlich genommen. Dadurch bin ich viel zu oft bei Oberflächlichem stehen geblieben, anstatt das zu tun, was ich wirklich wollte. Was für eine Zeitverschwendung! Durch das, was ich erfahren habe, weiß ich jetzt all die wunderbaren Dinge, mit denen mein Leben gesegnet ist, ganz anders zu schätzen.

Die wichtigste Lektion habe ich von meinem Sohn gelernt. Die bedingungslose Liebe, die ich durch ihn erfahren durfte, hat mich unendlich froh gemacht und mein Leben mit Licht erfüllt. Ein Kind ist das größte Geschenk, das uns das Leben machen kann. Die Freude darüber, jemandem das Leben geschenkt zu haben, ist eine Quelle, die nie versiegt.

All jene dort draußen, die sich unsichtbar fühlen, möchte ich ermutigen: Nehmen Sie Ihr Schicksal selbst in die Hand! Es ist ein weiter Weg, aber es lohnt sich, ihn zu gehen. Das Leben ist ein Spiel, und Sie müssen sich entscheiden: Sie können es laufen lassen oder Sie können es aktiv gestalten. Mischen Sie sich ein!

Lächeln Sie. Oft und ausgiebig. Schon meine Mutter hat immer zu mir gesagt: Ein Lächeln kostet dich keinen Cent, und ist doch so unendlich viel wert.

Es hat acht Monate gedauert, bis ich endlich wieder mein Normalgewicht erreicht hatte. Nach außen hin bin ich wieder ganz die Alte, attraktiv wie eh und je. Aber im Inneren bin ich eine andere geworden. Ich bin viel weniger eitel und viel einfühlsamer und toleranter als früher. Und ich habe einen geschärften Sinn für Gerechtigkeit. All die Dinge, die ich immer als selbstverständlich betrachtet hatte, weiß ich heute sehr zu schätzen. Das gilt auch für das, was andere mir Gutes tun. Manchmal kann ich es selbst nicht fassen: Aus einer Frau, die 111 Kilo wog und die aussah und sich fühlte wie 60, ist eine Frau geworden, die 57 Kilo wiegt, aussieht wie 30 und sich fühlt wie 20. Ich habe meine künstlerische Ader entdeckt und versuche mich als Malerin, Bildhauerin und Sängerin. Außerdem nehme ich Tanzstunden, nicht, weil ich eine Tänzerin werden will, sondern weil mir die Bewegung guttut. Und ich nehme Schauspielunterricht, nicht, weil ich ein Filmstar werden möchte, sondern weil es mir ein Lächeln auf die Lippen zaubert und ich mich dabei so herrlich lebendig fühle.

Sie müssen ja nicht gleich Bungee-Jumping ausprobieren. Aber genießen Sie jeden Augenblick Ihres Lebens. Suchen Sie sich etwas, was Sie innerlich froh macht. Glauben Sie an sich selbst und an Ihr Bauchgefühl. Wenn Sie an sich glauben, dann sind Sie nicht nur für sich selbst sichtbar, sondern auch für andere. Alles, was Sie tun müssen, ist, ganz Sie selbst zu sein.

Es heißt, das Leben stecke voller Überraschungen. Manchmal seien es angenehme Überraschungen, und manchmal unangenehme. Für mich ist das alles eine Frage des Standpunkts. Ich jedenfalls habe aufgehört, die Dinge in gut und schlecht einzuteilen. Ich glaube, dass alles perfekt ist. Dass alles, was passiert, seinen Sinn hat und uns auf dem Weg, der uns vorbestimmt ist, einen Schritt weiter führt.

Dieses Buch habe ich für alle Frauen und Übergewichtigen geschrieben, die etwas Ähnliches durchmachen, was ich durchgemacht habe, und sich mit ihren Problemen allein gelassen fühlen. Glauben Sie mir: Es gibt einen Ausweg. Es gibt ein Leben danach. Lassen Sie sich nicht entmutigen, wenn jemand Sie schlecht behandelt. Sie verschwenden nur Ihre Zeit und setzen dabei Ihre Gesundheit aufs Spiel. Lassen Sie sich nicht unterkriegen. Wehren Sie sich. Lachen Sie viel. Sehen Sie bei aller Tragik immer auch das Komische. Ich bin fest davon überzeugt, dass Sie es schaffen werden.

Der nächste Schritt auf meinem Weg kam sehr überraschend. Eine Woche, nachdem ich wieder mein ursprüngliches Gewicht von 57 Kilo erreicht hatte, merkte ich, dass ich ein zweites Mal schwanger war. Diese zweite Schwangerschaft war nicht geplant gewesen. Es passierte einfach. Ich wusste nicht, ob ich lachen oder weinen sollte. Im ersten Moment wäre ich am liebsten aus dem Fenster gesprungen.

Na toll. Also alles noch mal von vorne ...

Wovor Sie sich in acht nehmen sollten :

Tipps und Tricks für Ihre Diät

Nur weil Sie eine Schlankheitskur machen, müssen Sie sich noch lange nicht im stillen Kämmerchen einsperren, bis Sie Ihr Wunschgewicht endlich erreicht haben. Gehen Sie unter die Leute. Genießen Sie das Leben! Man kann sich durchaus an die gesellschaftlichen Spielregeln halten, ohne gleich alle guten Vorsätze über Bord zu werfen. Hier ein paar Tipps, die Ihnen dabei helfen.

Auf keinen Fall!

- Kein Fingerfood.
- Nie spät zu Abend essen. Sonst gehen Sie auf wie ein Hefeteig.
- Jetzt wird's schwer: Kein Alkohol. Schaffen Sie das?
- Keine Suppen in Restaurants, sie enthalten zu viele Kohlehydrate und zu viel Fett.
- Keine Kohlehydrate, nichts Frittiertes, keine Milchprodukte.
- Rotes Fleisch nur einmal die Woche.
- Nach 19:00 Uhr wird nichts mehr gegessen!
- Essen Sie regelmäßig. Ihr Körper hat eine innere Uhr. Sie quälen sich unnötig, wenn Sie Mahlzeiten auslassen. Auf diese Weise verlieren Sie nur Muskelmasse, aber kein Fett. Wenn Ihr Körper Fett verbrennen soll, braucht er Energie.

Erzählen Sie nicht gleich jedem, dass Sie eine Diät machen. Warten Sie, bis die Leute es von sich aus merken. Geben Sie nicht gleich auf, wenn Sie einmal über die Stränge geschlagen haben. Bleiben Sie dran! Diesen einen Tag haben Sie vermasselt, aber das ist kein Grund, die ganze Diät infrage zu stellen. Konzentrieren Sie sich auf den nächsten Tag. Sie dürfen keine Wunder erwarten. Die Pfunde, die sich in langer Zeit angesammelt haben, verliert man nicht über Nacht. Umso größer ist die Freude, wenn der Gewichtsverlust nicht mehr zu übersehen ist.

Nehmen Sie nicht zu viele Essenseinladungen an. Wenn Sie hingehen, sollten Sie den Eindruck vermeiden, Sie würden nichts essen. Sie riskieren sonst, zu sehr im Mittelpunkt zu stehen. Widmen Sie sich dem Tischgespräch und kauen Sie zwischendurch ein wenig.

Stellen Sie sich erst wieder auf die Waage, wenn Sie das Gefühl haben, Ihre Kleider seien deutlich weiter geworden. Vergessen Sie nicht: Die Waage ist Ihr Feind. Und besonders gefährlich ist dieser Gegner ganz am Anfang und kurz vor dem Ziel.

Auf jeden Fall!

- Trinken Sie so viel Wasser, wie Sie wollen.
- Schlürfen Sie viel kalten Kräutertee, wenn Sie der Hunger überkommt.
- Nach jedem Essen etwas trinken.
- Haben Sie beim Abendessen zum „Spielen" immer (grünes) gedünstetes Gemüse auf dem Teller.
- Gehen Sie in einen Laden und kaufen Sie eine fantastische neue Jeans in der Größe, die Ihnen früher gepasst hat.

Als ich das gemacht und der Verkäuferin gesagt habe, dass die Hose für mich ist, war sie völlig sprachlos. Sie muss gedacht haben, die Jeans sei für meine Tochter.

Suchen Sie sich Menschen, die Sie unterstützen. Sie werden sie brauchen.

Versuchen Sie, in Ihren Tagesablauf öfter mal einen Spaziergang einzubauen, steigern Sie ganz allmählich das Tempo und gewöhnen Sie sich nach und nach einen festen Trainingsrhythmus an. Setzen Sie sich realistische Ziele. Wenn Sie eines erreicht haben, sollten Sie sich mit einer Massage belohnen, damit die Giftstoffe ausgeschieden werden.

Nehmen Sie mit Ihren Gästen einen Drink. Seien Sie kein Partymuffel. Geben Sie Eis in ein hübsches Glas, schenken Sie es mit Fruchtsaft voll und garnieren Sie das Ganze wie einen Cocktail. Trinken Sie vor dem Schlafengehen jede Menge Wasser.

Wenn Sie die überschüssigen Pfunde los sind, dann ziehen Sie Ihre neue Jeans an und gehen Sie noch einmal in den Laden, wo Sie sie gekauft haben. Drehen Sie vor der Verkäuferin eine Pirouette. Die Verkäuferin wird Augen machen!

Das Wichtigste ist:

Geduld, Geduld und nochmals Geduld! Wenn Ihre Diät Aussicht auf Erfolg haben soll, dann müssen Sie geduldig sein. Es ist nicht gut, wenn Sie in kurzer Zeit viel Gewicht verlieren. Sie müssen essen! Ich verspreche Ihnen: Es funktioniert. Der Erfolg wird Sie zum glücklichsten Menschen auf Erden machen.

Meine persönlichen Rezepte zum Nachkochen

Hallo, wach!

Zum Aufwachen gibt es frisch gepressten Saft (Seien Sie nicht faul und holen Sie den Entsafter aus dem Schrank. Es lohnt sich, denn es entschlackt den Körper.)

Zutaten:

- Sellerie
- Gurke
- Ingwer
- Karotten

Mischen Sie 2 lange Stangen Sellerie,
1 große Gurke mit Schale,
1 Stück Ingwer (halb so groß wie Ihr kleiner Finger)
und Karotten

Trinken Sie davon eine Tasse.

Ganz austrinken!!

Keine Widerrede!

Frühstück

2 Scheiben norwegischer Räucherlachs (natriumarm)
1 oder 2 gekochte Eier, je nachdem, wie hungrig Sie sind.
Werfen Sie das Eigelb weg und essen Sie nur das Eiweiß,
dazu 2 Papaya- und 4 bis 5 Gurkenscheiben

Gönnen Sie sich danach einen Pfefferminztee.

Fleischbällchen

Zutaten

1 Pfund Putenhackfleisch
1 Teelöffel Olivenöl
1 Ei
1 (große) Zwiebel
5 Knoblauchzehen
3 Karotten
2 gelbe Mini-Kürbisse
1 rote Paprika
3 grüne Zucchini
Salz & Pfeffer
1 Hühner-Brühwürfel
je 1 Löffel Parmesan und Zwiebelpulver (zum Bestreuen)
1 kleine Dose Tomaten
½ Glas Marinarasoße
¼ Glas Wodkasoße zugeben

1. Alle Zutaten gut mit der Hand verkneten
2. Ofen vorheizen auf 200 Grad
3. Für die Soße die Zwiebel und die 5 Knoblauchzehen mit einem Teelöffel Olivenöl vermischen

In einem Topf 2 Tassen Wasser erhitzen, 3 Karotten in Scheiben zugeben, außerdem 2 gelbe Kürbisse, 3 grüne Zucchini, 1 rote Paprika und einen Hühner-Brühwürfel.

Gemüse halb gar kochen und dann pürieren.
1 kleine Dose Tomaten, ½ Glas Marinarasoße und ¼ Glas Wodkasoße zugeben.

Alles zusammen auf mittlerer Flamme 10 Minuten lang kochen.

Zum Schluss vorsichtig die Fleischbällchen zugeben, 5 Minuten kochen und dann servieren.

Gebackener Lachs

Zutaten

1 Lachssteak
Teriyakisoße (natriumarm)
5 Stangen Spargel
½ Blumenkohl
1 Zwiebel
Dijonsenf
Salz & Pfeffer
½ Tasse fettarmer Milch
1 Zitrone

1. Einen mittelgroßen Topf zu ¾ mit Wasser füllen, aufkochen, Spargel hinzufügen, Hitze reduzieren und Spargel gar kochen, bis er Ihnen weich genug ist.
2. Die süße Sojasoße in eine tiefe Schüssel geben. Den Lachs waschen und mit einem Küchentuch trocknen.
3. Lachs einige Male in der Sojasoße wenden und dann 10 Minuten ziehen lassen.
4. Den Lachs salzen und pfeffern und gut in Alufolie einwickeln.
5. 15 Minuten im auf 200 Grad vorgeheizten Ofen garen.

Im Mixer den Blumenkohl mit Dijonsenf und ½ Tasse fettarmer Milch zu einer Soße verarbeiten. Den Spargel auf einem Teller anrichten.

Den Lachs aus dem Ofen und aus der Alufolie nehmen und mit dem Rest Sojasoße auf den Teller legen. Die Blumenkohl-Senfsoße über den Spargel geben, den Lachs mit etwas Zitrone beträufeln und servieren.

Skate-Steak

Zutaten

1 sehr dünnes Rindersteak
4 Knoblauchzehen
1 Teelöffel Olivenöl
1 Prise (natriumarmes) Salz
1 Prise Paprikapulver
½ Zitrone
1 kleines Stück Ingwer
4 Karotten
1 Handvoll Strauchbohnen
½ Tasse Tahina (Sesamcreme)

1. Das Steak waschen und auf kleiner Flamme 5 Minuten in Salzwasser kochen.
2. Kurz unters Wasser halten und mit einem Küchentuch abtrocknen.
3. Das Fleisch bei mittlerer Hitze von jeder Seite etwa 3 Minuten lang anbraten.
4. Die 4 gehackten Knoblauchzehen, 1 Teelöffel Olivenöl, eine Prise Salz und eine Prise Paprika gut miteinander vermischen.
5. Das Steak auf einem Teller anrichten und mit der Gewürzmischung bestreichen.
6. Das Ganze mit etwas Zitronensaft beträufeln.

Strauchbohnen:

Füllen Sie einen Topf zu ¾ mit Wasser. Kochen Sie es auf, schalten Sie dann auf mittlere Hitze zurück und kochen Sie die Bohnen, bis sie Ihnen weich genug sind.

Gießen Sie das Wasser ab und geben Sie die Bohnen auf den Teller.

Für das Dressing:

Ein kleines Stück Ingwer, 4 große Karotten, ½ Tasse Tahina, ¼ Tasse Olivenöl und eine Prise Salz einige Sekunden in den Mixer geben. Dressing über die Bohnen geben, fertig!

Gegrilltes Orangen-Hähnchen

Zutaten

1 ganzes Hähnchen aus ökologischer Freilandhaltung
4 Orangen
Salz & Schwarzer Pfeffer & Zwiebelsalz
1 Teelöffel Honig
je 1 gelbe und grüne Zucchini
4 Knoblauchzehen
1 Prise Paprikapulver

1. Das Hähnchen waschen.
2. Das Hähnchen in eine tiefe Grillpfanne legen und die Pfanne zu ¾ mit Wasser füllen.
3. 3 Orangen auspressen und den Saft ins Wasser geben.
4. Die vierte Orange mit Schale in Scheiben schneiden und rings um das Hähnchen verteilen.
5. Nach Belieben salzen und pfeffern.
6. Das Hähnchen mit einem Teelöffel Honig einreiben.
7. Mit Alufolie gut abdecken.
8. 45 Minuten in den auf 200 Grad vorgeheizten Backofen schieben.
9. Nach 30 Minuten die Alufolie abnehmen und die Temperatur auf 250 Grad erhöhen.
10. Das Hähnchen aus dem Ofen nehmen, 5 Minuten abkühlen lassen, dann zerlegen und servieren.

Für die Beilage:
Die gelben und grünen Zucchini in dünne Scheiben schneiden (wie Kartoffelchips) und auf einem Backblech verteilen. Mit Salz, Knoblauch, Zwiebelsalz und Paprika würzen. Nicht abdecken. 35 Minuten bei 200 Grad in den Backofen schieben, ab und zu wenden, bis die Zucchinichips knusprig-braun sind. Dann zusammen mit dem Hähnchen auf dem Teller anrichten und alles mit dem Bratensaft übergießen.

Vegetarisches Gericht

Zutaten

Frühlingszwiebeln
Zucchini
Kürbis
Grüne Bohnen
Grüne Erbsen
Zwiebeln
Eisbergsalat
Sojasprossen
Champignons
(jeweils eine Handvoll in geschnittener Form)

4 Knoblauchzehen
1 kleine Packung Glasnudeln
Salz & Pfeffer
1 Prise Paprika- oder Chilipulver

1. Einen Topf Wasser zum Kochen bringen.
2. Vorsichtig die Glasnudeln zugeben.
3. Bei niedriger Hitze 15 Minuten ziehen lassen, bis die Nudeln weich sind.
4. Das Wasser abgießen und die Nudeln in eine Bratpfanne schütten, ohne Öl, ohne Butter, ohne alles.

5. Die verschiedenen Gemüse auf die gewünschte Größe schneiden und in einen Topf geben, der zu ¾ mit Wasser gefüllt ist.
6. Aufkochen und dann auf kleiner Flamme kochen lassen, bis das Gemüse durch ist.
7. Zwischendurch mit Salz, Pfeffer und Paprika würzen.
8. Wenn Sie gerne scharf essen, fügen Sie eine Prise Chilipulver hinzu. (Mein Rat: Mit Salz sparsam umgehen.)
9. Umrühren und die Nudeln zugeben.
10. Den gehackten Knoblauch unterrühren.
11. Noch einmal kurz aufkochen, vom Herd nehmen, 5 Minuten zugedeckt ruhen lassen und dann servieren!

"Toss"-Salat à la Nathalie

Zutaten

Mischsalat
½ Gurke
½ Papaya
Palmenherzen
1 Avocado
1½ Stücke Hähnchenbrust
Fettarme Mayonnaise (ohne Ei)
Currysoße (ohne Sahne)

1. Salat nach Belieben schneiden.
2. Gurke würfeln.
3. Die Palmenherzen in dicke Scheiben schneiden.
4. Die Avocado in Streifen schneiden.
5. Die Papaya würfeln.
6. Alles zusammenmischen und 1 Teelöffel Olivenöl zugeben.

Dazu:

1½ Stücke Hähnchenbrust bei mittlerer Hitze anbraten. Nichts zugeben. 10 Minuten abkühlen lassen und dann in möglichst kleine Stücke schneiden.

Je 1 ordentlichen Löffel fettarme Mayonnaise und Currysoße gut vermischen und über den Salat geben.

Guten Appetit!

Suppe „Gemüsefestival“

Zutaten

Gemüse nach Belieben, nur kein rotes Gemüse!
1 Handvoll Pintobohnen
Sojasoße (natriumarm)
Fester (weißer) Tofu
1 Becher Saure Sahne (fettarm)
4 Frühlingszwiebeln
1 Prise Cayennepfeffer

1. Einen großen Topf zu ¾ mit Wasser füllen.
2. Klein geschnittenes Gemüse nach Belieben zugeben, nur kein rotes Gemüse.
3. Pintobohnen zugeben.
4. Das Ganze aufkochen und dann auf kleiner Hitze kochen, bis das Gemüse gar ist.
5. Nach 5 Minuten ½ Löffel Sojasoße zugeben.
6. Gewürfelten, weißen Tofu zugeben.
7. Die fertige Suppe in eine Servierschüssel umfüllen.
8. In die Mitte mit einem großen Löffel einen Klecks saure Sahne geben.
9. Über die saure Sahne gehackte Frühlingszwiebeln und eine Prise Cayennepfeffer streuen.

Noch ein paar persönliche Tipps:

Versuchen Sie, Zwischenmahlzeiten zu vermeiden, aber wenn es sein muss, dann machen Sie sich einen Shake aus fettarmer Milch!

Geben Sie dazu 1 Tasse fettarme Milch in den Mixer, dazu Heidelbeeren, einen grünen Apfel und Pfefferminzblätter. Damit haben Sie schon mal was im Magen.

Wenn Sie dann immer noch Hunger haben, mischen Sie Joghurt (mit 0 % Fett) mit Trockenfrüchten (aber ohne Musli, bitte). Schmeckt lecker, Sie werden sehen!

Für meine liebe Gypsy
(meine geliebte Hündin aus den New Yorker Zeiten)
Danke, dass Du mir die besten Jahre Deines Lebens
geschenkt hast. Mögen im Himmel die Engel
über Dich wachen!

Ein besonderer Dank geht an Katharina Otto Bernstein
– meinen „Buch-Guru" –, die über einen messerscharfen
Verstand, Vision sowie riesige Erfahrung verfügt,
und die ich aufrichtig bewundere.
Sie ist eine wahre Freundin und ohne ihre Weisheit, ihren
Rat und ihre Aufrichtigkeit würde dieses Buch
nicht das sein, was es ist.
Ich bin sehr dankbar, dass sie an meiner Seite ist und mein
Leben so unendlich bereichert.

Ganz herzlich danken möchte ich meiner Freundin
Glenda Harvey, die mich stets unterstützt hat
und immer für mich da war.

Meine über alles geliebte Mutter
ist der Grund dafür, dass ich heute in der Lage bin
das zu tun, was ich tue. Aufgrund ihrer Erziehung
konnte ich alles erreichen, wovon ich geträumt habe.
Ihre Liebe und Beständigkeit werden mein Herz
für immer erfüllen.

Mein Ehemann Calle war von der ersten bis zur letzten
Seite dieses Buches immer für mich da.

Außerdem möchte ich mich bei Max Gross bedanken
– „meinem kleinen Computergenie“ –
der meinen Perfektionismus so geduldig ertragen hat.

Danke

Über die Autorin:

Nathalie von Bismarck, aufgewachsen in Kanada, hat mit Auszeichnung das Studium an der *Parsons The New School for Design* abgeschlossen. Sie arbeitete erfolgreich mit so berühmten Designern wie Ralph Lauren, Donna Karan, Joseph Abboud und Geoffrey Bean. 2001 gründete sie ihre eigene Bekleidungslinie für Kinder „Bebe Marionette“. 2004 heiratete sie Graf Carl-Eduard von Bismarck, den zukünftigen Fürsten von Bismarck. Es folgte eine Zeit voller gesellschaftlicher und sozialer Verpflichtungen, während der sie zusätzlich 2 Kinder zur Welt brachte, nämlich Graf Alexei von Bismarck und Gräfin Grace von Bismarck.

Nathalie engagiert sich in verschiedenen sozialen, politischen und wohltätigen Organisationen. Sie ist Künstlerin, Malerin und Modedesignerin. Erst kürzlich hat sie *Carousel Cuts* eröffnet, einen Haarsalon für Kinder und Erwachsene, der neben Frisuren auch noch Geburtstagspartys, Spielzimmer und Karussellfahrten anbietet. Das Konzept wird weltweit vermarktet. Derzeit plant sie eine Bekleidungskollektion für Frauen und arbeitet darüber hinaus an ihrem ersten Film.

Mein Notizbuch